全球化语境下的
英语翻译理论与实践研究

冯晓霞 ◎ 著

吉林出版集团股份有限公司

图书在版编目（CIP）数据

全球化语境下的英语翻译理论与实践研究 / 冯晓霞著. — 长春：吉林出版集团股份有限公司，2023.9
ISBN 978-7-5731-4321-1

Ⅰ.①全… Ⅱ.①冯… Ⅲ.①英语—翻译理论—研究 Ⅳ.①H315.9

中国国家版本馆CIP数据核字（2023）第181948号

全球化语境下的英语翻译理论与实践研究
QUANQIUHUA YUJINGXIA DE YINGYU FANYI LILUN YU SHIJIAN YANJIU

著　　者	冯晓霞
责任编辑	齐　琳
封面设计	林　吉
开　　本	787mm×1092mm　1/16
字　　数	220千
印　　张	14
版　　次	2023年9月第1版
印　　次	2024年1月第1次印刷
出版发行	吉林出版集团股份有限公司
电　　话	总编办：010-63109269
	发行部：010-63109269
印　　刷	廊坊市广阳区九洲印刷厂

ISBN 978-7-5731-4321-1　　　　　　　　　　定价：78.00元

版权所有　侵权必究

前　言

全球化是人类社会发展的必然趋势，它对生产的社会化过程起到一定的加速作用，对各个领域的发展都有一定的影响。尤其是在经济领域，经济全球化的到来，再加上科学技术的辅助，使得全球生产的联系越来越紧密，世界各国的分工也越来越细致。每一次全球化的浪潮都会给世界带来不小的变动，不是引起国际社会的动荡，就是导致世界秩序的重组。虽然经济全球化是全球化最为重要的组成部分，但是这并不意味着这种全球化浪潮的影响仅仅发生在经济领域，在教育领域，全球化的思想早已经渗入进去，并且对教育的良性、持续发展发挥了不小的作用。

语言是文化的载体，它通过灵活多变的表达方式来展现多样的情感。随着经济全球化的发展，各国之间的联系越来越紧密，跨文化交际也越来越频繁。作为跨文化交际的桥梁，翻译在其中起着不可或缺的作用。然而，翻译不仅是将一种语言转换成另一种语言，它还承载着将源语中所蕴含的文化信息准确地传达给目的语读者的使命。由于政治、经济、社会、观念等不同，所以英汉两种语言所包含的文化信息也不同。读者受到不同文化背景的影响对两种语言中的同一事物所引起的联想各不相同。因此，译者翻译概念意义相同，而文化意象半对应或非对应时，若不能准确把握的话，极易出现翻译中的文化信息欠额与文化信息超额现象。

本书主要研究全球化语境下的英语翻译理论与实践方面的问题，涉及丰富的英语翻译知识。主要内容包括英语翻译的基础知识、英语翻译技巧研究、全球化语境下文化与跨文化交际、全球化语境下跨文化交际与英汉翻译、全球化语境下的英汉思维模式差异、跨文化交际中语言交际能力与思维模式、全球化语境下英汉文化词汇差异与翻译、全球化语境下英汉句篇差异与翻译、全球化语境下英汉民俗文化差异与翻译等。本书是作者长期从事英语翻译教学和实践的结晶。书中内容涉及面广，技术新，实用性强，使读者能理论结合实践，获得知识的同时掌握技能，理论与实践并重，并强调理论与实践相结合。本书兼具理论与实际应用价值，可供相关教育工作者参考和借鉴。

由于笔者水平有限，书中难免存在不妥甚至谬误之处，敬请广大学界同仁与读者朋友批评指正。

冯晓霞

2023 年 3 月

目 录

第一章　英语翻译的基础知识 … 1
　　第一节　英语翻译的概念与分类 … 1
　　第二节　英语翻译的标准与方法 … 2
　　第三节　英语翻译的准备与过程 … 5
　　第四节　英语翻译技巧 … 7
　　第五节　英语翻译中的文化对比 … 33

第二章　英语翻译技巧研究 … 49
　　第一节　词义的选择与引申 … 49
　　第二节　词类的转换与翻译 … 66
　　第三节　专有名词的翻译 … 77
　　第四节　增词译法 … 81
　　第五节　减词译法 … 89

第三章　全球化语境下文化与跨文化交际 … 100
　　第一节　全球化语境下文化的特点与渊源 … 100
　　第二节　全球化语境下跨文化交际与翻译 … 105
　　第三节　全球化语境下英汉文化差异对比 … 107

第四章　全球化语境下跨文化交际与英汉翻译 … 112
　　第一节　全球化语境下文化差异对翻译的影响 … 112
　　第二节　全球化语境下文化翻译的原则与策略 … 115
　　第三节　全球化语境下英汉翻译的基本技巧 … 119

第五章　全球化语境下的英汉思维模式差异与翻译 … 132
　　第一节　英汉思维模式差异分析 … 132
　　第二节　英汉思维模式差异对翻译的影响 … 140

第三节　全球化语境下跨文化交际与思维构建 …………………… 142
　　第四节　全球化语境下跨文化交际能力的培养途径 ……………… 148
第六章　跨文化交际中言语交际能力与思维模式 ……………………… 161
　　第一节　英汉语言中的语义文化差异 ……………………………… 161
　　第二节　英汉语言要素与跨文化交际 ……………………………… 166
　　第三节　英汉语篇文化与跨文化交际 ……………………………… 184
第七章　全球化语境下的英汉文化词汇差异与翻译 …………………… 188
　　第一节　英汉文化词汇的概念 ……………………………………… 188
　　第二节　英汉文化词汇差异分析 …………………………………… 205
　　第三节　英汉文化词汇的翻译方法 ………………………………… 213
参考文献 ……………………………………………………………………… 215

第一章 英语翻译的基础知识

第一节 英语翻译的概念与分类

一、翻译的概念

翻译有广义与狭义之分。广义的翻译指方言与民族共同语、方言与方言、古语和现代语、语言与非语言之间的信息转换。这个概念的外延是相当宽泛的，它包括不同语言间的翻译、语言变体间的翻译和语言与其他交际符号的转换。广义的翻译主要强调基本信息的转换，不强调完全的忠实。广义的翻译也称作"符际翻译"（inter-semiotic translation）。

狭义的翻译一般是指语际翻译（interlingual translation），即用语言符号解释另一种语言，诸如英译汉、汉译英、法译英等不同语言之间进行的翻译。

二、翻译的分类

第一，按照工作方式，翻译可分为口译、笔译（translation）、机器翻译和机助翻译。口译又可分为连续翻译和同声传译。机器翻译是现代语言学和现代科技结合的产物，有望在某些领域取代人工翻译。

第二，根据内容题材，翻译可分为文学翻译（literary translation）和实用翻译（pragmatic translation）。文学翻译包括诗歌、小说、戏剧、散文以及其他文学作品的翻译，着重情感内容、修辞特征以及文体风格的传达；而实用翻译包括科技资料、公文、商务或其他资料的翻译，强调实际内容的表达。

第三，根据处理方式，翻译可分为全译、摘译、缩译、节译和编译。

第四，根据所涉及的两种代码的性质，翻译可分为语内翻译（intra-lingual translation）、语际翻译和符际翻译（intersemiotic translation）。

第五，根据所涉及的语言，翻译可分为外语译成母语和母语译成外语，如英译汉、汉译英。

除了以上所列几种划分方法之外，在实际运用中还有许多具体的分类法，这里不描述。本书中所讲的翻译，主要是从狭义翻译（语际翻译）的意义上来谈的，特别是指英汉语言的翻译。

第二节　英语翻译的标准与方法

翻译的标准一直是翻译界经常讨论并十分关注的问题，也是翻译理论研究和探讨的中心课题。只有明确了解翻译标准，翻译实践中才能有章可循、有法可依，才能够客观地衡量译文水平的高低和译文水平的优劣。

翻译的方法是翻译赖以实现的具体途径，是在对原文加以理解后，用译文语言表达的基本方法。方法是否得当直接影响到译文的质量。因此，翻译的方法对翻译来说是至关重要的。

一、翻译的标准

翻译的标准是指导翻译实践的准绳和衡量译文优劣的尺度。在翻译实践中，对于译者来说有一个可以遵循的准则；而对于译文的质量而言，也就有了一个衡量的尺度。关于翻译的标准，古今中外的翻译家和翻译理论家有过许多的论述。这些有一个共同点，那就是：要尽可能忠实、准确地运用恰当的译文语言形式，把原文的思想内容、风格、神韵等再现出来，尽可能使译文读者获得与原文读者同样的感受。

下面简要介绍国内外具有影响的有关翻译标准的论述。

早在唐代，我国古代佛经翻译家玄奘就提出"既须求真，又须喻俗"的翻译标准，意即"忠实、通顺"，这一翻译标准直到今天，仍有一定的指导意义。

在 19 世纪末，清末民初著名的翻译家严复提出了"信、达、雅"的翻译标准，对后世影响极大。"信、达、雅"这一标准是严复在其《天演论》中论述的，主要观点如下：

译事三难：信、达、雅。求其信，已大难矣！顾信矣，不达，虽译，犹不译也，则达尚焉。……译文取明深义，故词句之间，时有所颠倒附益，不斤斤于字比句次，而意义则不倍本文。

假令仿此（西文句法）为译，则恐必不可通，则删削取径，又恐意义有漏。此在译者将全文神理，融会于心，则下笔抒词，自善互备。至原文词理本深，难于共喻，则当前后引衬，以显其意。凡此经营，皆以为达；为达即所以为信也。

《易》曰：修辞立诚。子曰：辞达而已。又曰：言之无文，行之不远。三者乃文章正轨，亦即为译事楷模。

故信、达而外，求其而雅。

从以上可以看出，严复在提出信、达、雅的翻译标准时，曾对此做了一些说明。

关于信，严复认为，译文应该抓住全文要旨，对于词句可以有所颠倒增删，只要不失原意，不必斤斤计较词句的对应和顺序。

关于达，严复认为，只信而不达，译了等于没译；只有做到达，才能做到信。要做到达，译者必须首先认真通读全文，做到融会贯通，然后进行翻译。为了表达原意，可以在词句方面做必要的调整和改动。

关于雅，严复认为，译文要雅，否则没有人看。雅是指古雅，要采用汉代以前使用的文言文。

严复的信、达、雅翻译标准，不仅因其简洁凝练、层次分明而震动了当时的译界，而且流传至今已逾百年，仍为许多译者所喜爱，可见其生命力。

在 20 世纪 30 年代，鲁迅提出了信和顺的翻译标准。鲁迅在《且介亭文集》中指出，凡是翻译，必须力求易解并保存原作的风姿，实际上就是一种在直、意译完美结合中而获得的信与雅的理想状态。当然，鲁迅比较强调直译，反对归化，倡导译文应具有异国情调，就是所谓的洋气。

林语堂的三条翻译标准为忠实、通顺、和美。这是在他为吴曙天编选的《翻译论》（1937年1月，光华书局出版）一书所撰写的序《论翻译》中提出来的。林语堂的"美"的标准显然比"雅"的含义要更广一些，并且更合适一些。

二、西方较有影响的翻译标准

翻译在西方的发展不仅与社会生活息息相关，而且翻译实践与翻译理论密切相关。西方翻译理论界对翻译标准的研究也有许多很有建树的成果，对我国翻译界影响较大的主要有泰特勒（英国）、阿诺德（英国）和奈达（美国）等几位所提出的翻译标准。

（一）泰特勒的翻译标准

18世纪末，英国的翻译理论家、爱丁堡大学的历史学教授泰特勒（Alexander Fraser Tyler）在《翻译的原则》一书中提出著名的三原则，即译文应完整地再现原文的思想内容；译文的风格、笔调应与原文性质相同；译文应像原文一样流畅自然。

泰特勒强调的是译文与原文在思想、风格、笔调、行文的一致，而非只注重原文的语言特征。他的观点也许正是现代译论中主张翻译以"信"为本的依据。

（二）阿诺德的翻译标准

在19世纪，英国诗人和批评家阿诺德（Matthew Arnold）也主张译者应与原文化而为一，才能产生良好的译文。他发表了《评荷马史诗的译本》一文，这篇论文是翻译思想史上一个重要文件。

（三）奈达的翻译标准

当代西方的翻译理论家，美国的奈达主张把翻译的重点放在译文读者的反应上，应当把译文读者对译文的反应和原文读者对原文所可能产生的反应进行对比。他认为，翻译的实质就是再现信息，判断译作是否译得正确，必须以译文的服务对象为衡量标准，即必须以译文读者与原文读者对所接收的信息能否做出基本一致的反应为依据。他结合现代信息传递理论,强调译文至少要使读者能够理解,这是翻译最低的标准,因为不能令人看懂的译文,就谈不到忠实。他主张衡量译文质量的标准,不仅仅在于所译的词语能够被理解,句子合乎语法规定,而且在于整个译文使读者产生什么样的反应。要从这个角度来判断翻译的正确性,正确的译文就不止一种了。为了使各种不同水平的读者能正确理解原文内容,就要做出几种不同水平的翻译,因而在词汇和语法结构等方面,就要相应调整译文的难度和风格。因此,奈达主张译出各种不同的供选择的译文,让读者检验译文是否明白易懂,所以一个好的译者总是要考虑对同一句话或一段文章的各种不同的译法。从理论研究角度,这样的主张颇有道理,但在翻译实践中却很难办到。

奈达关于翻译标准的论述被概括为忠实原文、易于理解、形式恰当、吸引读者。他把读者因素纳入翻译标准里,是对翻译标准研究的重大贡献。

第三节　英语翻译的准备与过程

翻译是运用两种语言的复杂过程,它包括正确理解原文和准确运用另一种语言再现原文的思想内容、感情、风格。由于翻译工作的复杂性,适当的准备工作是不可缺少的。通过准备,可以使翻译顺利进行。

一、翻译的准备

翻译应该进行必要的准备,正式动手翻译之前可以做的工作很多,主要精力应放在查询相关资料,以便能对原作及其作者有大概的了解。同时,为了保证质量和节省时间,还应熟悉整个翻译过程可能使用的工具书和参考书。

(一)了解作者

对于作者,需要弄清楚他的简略生平、生活时代、政治态度、社会背景、创作意图、个人风格。比如,若要翻译一个作家的一篇小说,为了获得有关作者的一些基本信息，可以阅读作者自己的传记、回忆录，或者别人写的评传，或者研读文学史、百科全书、知识词典。还可阅读用汉语解说的相同辞书，如《中国大百科全书》、中国大百科全书出版社《辞海》、上海辞书出版社《辞海》（勘补本）、上海辞书出版社《简明不列颠百科全书》、中国百科全书出版社《外国名作家传》、中国社会科学出版社《外国人名辞典》、上海辞书出版社《外国历史名人》。

（二）了解相关背景

背景知识是指与作品的创作、传播及内容有关的知识。

二、翻译的过程

翻译是一个十分繁杂的过程，其工作重点是如何准确地理解原文思想，同时又恰当地表达原文意思。换言之，翻译的过程就是译者理解原文，并把这种理解恰当地传递给读者的过程。它由三个相互关联的环节组成，即理解、表达和校改。这三个环节是相互联系、往返反复的统一流程，彼此既不能分开隔断，又不能均衡齐观。

（一）理解

1. 翻译中理解的特点

首先，翻译中的理解有着鲜明的目的性，即以忠实表达原作的意义并尽可能再现原作的形式美为目的。因此，它要求对作品的理解比一般的阅读中的理解更透彻、更细致。翻译的理解系统从宏观上看，要包括原作产生的社会、历史和文化背景；从微观上看，则要细致到词语的语音甚至词形。从某种意义上来说，以翻译为目的的理解比以其他为目的的理解所面临的困难都要多。以消遣为目的的理解显然无须去分析作品的风格，更无须每个词都认识。即使以研究为目的的理解也无须面面俱到，而只是对所关注的内容（如美学价值、史学价值、科学价值、实用价值等）的理解精度要求高一些。

第二，以翻译为目的的理解采用的思维方式不同于一般的理解。一般的理解，其思维方式大都是单语思维，读汉语作品用汉语进行思维，读英语作品就用英语进行思维。以翻译为目的的理解采用的是双语思维方式，既用原语进行思维，又用译入语进行思维，原语与译入语在译者的大脑里交替出现。

第三，以翻译为目的的理解。表达过程的思维方向遵从的是逆向—顺向模式。一般的抽象思维的方向是从概念系统到语言系统，而阅读理解中的思维则是从语言系统到概念系统，是逆向的。一般的阅读，理解语言的概念系统后，任务便完成了，而翻译则要从这个概念系统出发，建构出另一种语言系统。

2.理解应注意的方面

理解是翻译过程的第一步，是表达的前提。这是最关键，也是最容易出问题的一个环节。不能准确、透彻地理解原文，就无法谈及表达问题。理解首先要从原文的语言现象入手，其次还要涉及文化背景、逻辑关系和具体语境以及专业知识等。

（二）表达

表达是翻译的第二步，是实现由原语至译语信息转换的关键。理解是表达的基础，表达是理解的目的和结果。表达好坏取决于对原语的理解程度和译者实际运用和驾驭译语的能力。

理解准确则为表达奠定了基础，为确保译文的科学性创造了条件。但理解准确并不意味着一定能翻译出高质量的译文，这是因为翻译还有其艺术性。而翻译的艺术性则依赖于译者的译语水平、翻译方法和技巧。就译语而言，首先要做到遣词准确无误；其次还要考虑语体、修辞等因素，切忌随便乱译。

第四节　英语翻译技巧

英汉两种语言在选词、造句、谋篇等方面都存在很大的差别，因而进行英汉互译时不能死译、硬译，而是应掌握一定的翻译技巧，这对于提高翻译速度、提升翻译质量与水准有着不可忽视的作用。本节从词汇、句子、语篇三个层面来对翻译技巧展开讨论。

一、词汇的翻译技巧

词汇是组织句子和篇章的基本单位，可用来表达丰富的含义。因此，在进行英语词汇的翻译时，必须借助一定的翻译方法与技巧，从而准确传达词汇的真实含义。

（一）词义的选择

一词多义的现象在英汉两种语言中都普遍存在。因此，要想确定传达词汇的含义，词义的选择就成为翻译过程中必须解决的问题。概括来说，在选择词义时可从以下几个方面入手。

1. 根据词在句中的词性

由于英语具有非常严格的句法，词性成为影响词义的重要因素。因此，翻译时首先应分析句子结构，并据此判断词语的词性，然后再进行词义选择。例如，save 具有动词、名词、介词三种词性，词性不同，词义也就不同。请看下面的一组句子：

Housewives must find ways to save woolen clothes during the hot summer time.

家庭主妇必须找到方法避免毛料衣物在夏季被虫蛀蚀。

本例中，save 是动词，意为"避免"。

Proper first aid can save a victim's life, especially if the victim is bleeding heavily.

恰当的急救可以挽救一个受害人的生命，尤其是当这个人大量失血时。本例中，save 是动词，意为"挽救"。

"Nice save!"

"干得漂亮！"

本例中，save 是名词，这种用法多见于球赛中。

He heard no other sound save the tick of his watch.

除了手表的嘀嗒声，他听不到任何别的声音。

本例中，save 是介词，意为"除了"。

A similar timetable has been adopted in that college save that in the morning there are five periods of classes.

那所大学也采用了类似的时间表，，只是上午有五节课。

本例中，save 是介词，意为"只是"。

2. 根据上下文的逻辑关系

一般来说，当没有具体的语境时，一个单词的词义常常是游移不定的。但是，当处于特定的语境中，并且受到上下文以及毗邻词汇的制约与影响时，这个单词的含义就可以确定下来。例如：

She is the last person to come.

她是最后来的。

本例中，last 表现出其基本含义"最后"。

She should be the last（person）to blame.

再怎样也不该怪她。

本例中，last 意为"责任不在她"。

She is the last person for this job.

她最不配干这份工作。

本例中，last 意为"没有能力做好某件事"。

This is the last place where I expected to meet you.

我怎么也没料到会在这个地方见到你。

本例中，last 意为"想不到会在某个地方见到某人"。

She is the last person to consult.

根本不宜找她商量。

本例中，last 应理解为"既然她拿不出什么好主意来，也就没必要去找她商量"。

3. 根据搭配关系

当一个单词与其他不同的单词进行搭配时，其含义也常常发生变化。例如：

raise vegetables 种植蔬菜

raise the dead 使死者回生

raise fears 引起恐惧

raise an embargo 解除禁运

raise a monument 树一座丰碑

raise a fleet 集结一支舰队

raise a family 养家糊口

4. 根据不同的专业领域

有时候,同一个单词应用于不同的专业领域时,其含义也会发生变化。例如,default 一词的本义是"拖欠、未履行"。但是,当应用于法律范畴时,其含义是"被要求出席时未到席",如 make a default(未出庭);当应用于计算机领域时,其含义是"由操作系统自动指定并持续有效的特定值",即"缺省",如 default share(缺省共享)。英语中类似的例子还有很多。例如:

power

普通词义:力量

电子学:电力

机械:动力

物理:功率

体育:爆发力

element

普通词义:因素;要素

机械:零件;构件;部件

无线电:元件;器件

通讯:电码

计算机:单元;基元

数学:元;素;诸元

化学:元素;成分

气象:自然力;风雨

carrier

普通词义：运送者

医学：带菌体

机床：刀架

军事：航空母舰

计算机：媒体

航空：运输机

无线电：运载火箭

航天：载波

半导体：载流子

集成电路：载体

（二）词义的引申

英汉语言中的词汇，其含义并不总是完全对应。若直译、硬译、死译，必然使译文词不达意、晦涩难懂。此时，应采取较为灵活的手法，从其本义出发，并结合其他因素来进行适当引申，这样不仅可有效传达原文含义，还可使译文更加流畅自然。

1. 词义引申

一般来说，一个单词的含义可分为两种：原始义与引申义。原始义又称直接义，是该单词的基本含义。将原始义与具体语境有机结合在一起，可引申出许多新的意义，这些新的意义就称为引申义。可见，引申义以其原义为基础，但又略有变化与发展。例如：

These resolutions are no more pious wishes and are still-born.

这些决议只不过是一些虔诚的愿望而已，其墨迹未干就不生效了。

本例中，still-born 的本义是"出生后即死亡"，此处引申为"墨迹未干"。

The general's estimate of Hitler was cold-blooded and honest.

将军对希特勒的评价是客观的。

本例中，cold-blooded 的本义是"冷血的"，此处引申为"客观的"。

We are eager to benefit from your curiosity.

殷切希望从你们的探索精神中获益。

本例中，curiosity 的本义是"好奇心"，此处引申为"探索精神"。

2. 概念引申

从单词的基本概念入手来进行引申，可以揭示单词的本质含义，从而准确地传达原文的内涵。

3. 具体概念抽象化

当英语中使用某个具体的词汇来表达具有同一概念、属性或类别的事物时，在翻译的过程中可对其进行抽象化处理，以帮助读者理解原文的深层含义。例如：

They have their smiles and tears.

他们有他们的欢乐与悲哀。

本例中，smiles and tears 被引申为"欢乐与悲哀"。

During the 1970s, he was an embryo teacher, but he was very confident.

20 世纪 70 年代，他还是一个初出茅庐的外语教师，但是他却非常自信。

本例中，embryo 的本义是"胚胎"，此处被引申为"初出茅庐"。

There is a mixture of the tiger and the ape in the character of the Imperialists.

帝国主义者的性格既残暴又狡猾。

本例中，tiger 与 ape 原指两种动物，此处被引申为"既残暴又狡猾"。

4. 抽象概念具体化

在某些情况下，英语在表达具体的意义、动作时常使用较为抽象的词汇，这些抽象词汇的含义较为宽泛、笼统，不利于译语读者的理解，因而应将其译为清晰、具体的词汇。例如：

A wide variety of tools are available commercially.

在市场上可以买到种类繁多的工具。

本例中，commercially 的本义是"商业化地"，此处被引申为"买到"。

Under those conditions, all international morality or international laws become impossible.

在这种情况下，一切国际道义和国际公法都失去了作用。

本例中，impossible 的本义是"不可能的"，此处被引申为"失去了作用"。

A beautiful enough girl, but nothing upstairs.

小姑娘的确够漂亮的，但是脑子却是一张白纸。

本例中，upstairs 的本义是"在楼上""在高空"，此处被引申为"在头脑里"。

5. 逻辑引申

在表述同一意义时，英语与汉语由于内在逻辑的差异而常常采取不同的方式。因此，翻译时必须分析原文的隐含逻辑链条，将其文字背后的内容挖掘出来，这样才能最大限度地降低译语读者的理解难度，并使译文更加顺畅。例如：

Previously, if I had been really interested in a book, I would race from page to page, eager to know what came next. Now, I decided, I had to become a miser with words and stretch every sentence like a poor man spending his last dollar.

在那以前，我要是对一本书真感兴趣，我往往一页一页拼命往下翻，急于知道下文的内容。现在我决定对词汇要像守财奴那样不轻易放过；也要像穷人过日子，把每一个句子当作身边最后一块钱，省吃俭用，慢慢花费。

本例中，a miser with words 被引申为"不轻易放过"，stretch every sentence like a poor man spending his last dollar 被引申为"省吃俭用"。

If they could not see the Winter Palace with their own eyes, they could dream about it as if in the gloaming they saw a breath-taking masterpiece of art as they had never known before—as if above the horizon of European Civilization was towering the silhouette of Asian Civilization.

如果他们不能目睹圆明园的风姿，那么他们也能在梦幻中身临其境：他们仿佛在冥冥之中见到一件令人叹为观止的艺术杰作，宛如在欧洲文明的大地上巍然展现出一副亚洲文明的剪影。

本例中，in the gloaming 被引申为"在冥冥之中"，a breath taking masterpiece 被引申为"令人叹为观止的艺术杰作"，was towering 被引申为"巍然展现"。

不难发现，上述译文中补充了原文中的弦外之音，既丰富了原文的内涵，又使译文生动鲜活。

6. 形象引申

英汉语言中的某些表达方式源于各自的不同生活背景，某些词汇的形象意义也并非一一对应。因此，有些词汇对母语读者来说很容易望文生义，而对非母语读者来说则很难理解。因此，对其进行灵活的变化与引申就显得非常必要。

例如：

I am only a small potato in this office.

我在这个办公室里只是个小人物。

本例中，small potato 的字面意义是"小土豆"，此处被引申为"小人物"。

See-sawing between partly good and faintly ominous, the news for the next four weeks was never distinct.

在那以后的 4 个星期内，消息时而部分有所好转，时而又有点不妙，两种情况不断地交替出现，一直没有明朗化。

本例中，see-sawing 的本义是"玩跷跷板"，此处被引申为"两种情况不断地交替出现"。

Every life has its roses and thorns.

每个人的生活都有酸甜苦辣。

本例中，roses 与 thorns 的本义分别是"玫瑰"与"荆棘"，此处被引申为"甜蜜"与"痛苦"。

通过上面的例子可以看出，经过引申后，译文的内涵更加丰富。

7. 典故引申

典故具有丰富的表现力，不仅言简意赅，还常常包含着丰富的历史文化内涵，可以说是语言中的精华。在翻译这些典故词汇时，往往需要通过引申来引导译语读者进行更深层次的理解。

例如：

This summer vacation, I had a quixotic adventure on the railroad trip.

今年暑假我乘火车旅行，有一次匡扶正义、保护弱小的经历。

本例中，quixotic 一词源于西班牙小说家塞万提斯笔下的唐·吉诃德（Don Quixote）这一人物。唐·吉诃德以保护弱小、匡扶正义为己任，是西方文化中妇孺皆知的人物。译文只保留该词的一般意义，从而帮助译语读者理解。

有时，根据具体语境的不同，可保留同一典故的内涵而将其译为不同的表达方式。例如：

She is considered as Helen of Troy in her class.

她被认为是班里最漂亮的。

It is unfair that historians always attribute the fall of kingdoms to Helen of Troy.

历史学家总是把王国的倾覆归于红颜祸水，这是不公平的。

Mother didn't think of the nice looking car bought the day before should become a Helen of Troy in her family. Because of this her daughter and her quarreled for a long time.

母亲没有料到前一天买的那辆漂亮的小轿车竟成了祸端，她和女儿为此吵了很久。

在古希腊神话故事中，Helen 是一位绝世美女，由于对她的争夺而发生了著名的特洛伊战争。因此，英语中的 Helen of Troy 就相当于中国历史上的"褒姒"。这一典故在上面三个句子中分别被译为"最漂亮的女人""红颜祸水"和"祸端"。

（三）词性的转换

由于句子结构与表达方式的不同，英汉两种语言中的词性很难一一对应。此时，只有对词性进行适当转换，才能忠实传递原文的含义。

1. 转换为动词

同英语相比，汉语使用动词的频率更高。因此，为使译语符合读者的阅读习惯，可将英语中的其他词性（如名词、形容词、副词、介词）转换为汉语中的动词。例如：

International trade is the exchange of goods and services produced in one country for goods and services produced in another.

国际贸易就是将一个国家生产的商品和提供的服务与另一个国家生产的商品和提供的服务进行交换。（名词转换为动词）

Talking with his young neighbor, the old man was the forgiver of the young man's past wrong doings.

在和年轻的邻居谈话时，老人宽恕了年轻人过去的过失。（名词转换为动词）

It's impossible to live in a society and be independent of society.

生于社会，不能脱离社会。（形容词转换为动词）

A successful scientist must be a good observer.

一个成功的科学家一定善于观察。（形容词转换为动词）

Then, suddenly, all of the young people were up out of their seat, screaming and shouting.

突然，所有年轻人都尖叫着，呼喊着，从座位上站了起来。（副词转换为动词）

Why should we let foreign goods in when the Americans walk along the streets because they can't sell their own goods?

在美国人推销不出去自己的商品而失业的时候，我们为什么还要进口外国货呢？（副词转换为动词）

Downstairs, then, they went, Joseph very red and blushing, Rebecca very modest, and holding her green eyes downwards. She was dressed in white with bare shoulders as white as snow—the picture of youth, unprotected innocence, and humble virgin simplicity.

他们一路下楼，约瑟夫涨红了脸，丽贝卡举止端庄，一双绿眼望着地下，她穿了一件白衣服，露出雪白的肩膀，年纪轻轻，越发显得天真烂漫，活脱是一个娴静又纯洁的小姑娘。（介词转换为动词）

An error by the Royal Mint in Britain has seen the issue of tens of thousands of "dateless" 20 pence coins—driving their value up to 50 pounds (60 euros, 80 dollars) each, a collector said Monday.

一名收藏者于本周一称，英国皇家铸币局近日酿成大错，数万枚20便士

硬币被漏印铸造时间,这导致错币的身价飙升至每枚 50 英镑(合 60 欧元或 80 美元)。(介词转换为动词)

(二)转换为名词

英语中的动词、形容词、副词等可在翻译时转换为汉语名词。例如:

As the war progressed, he would symbolize their frustrations, the embodiment of all evils.

随着战争的进行,他就成了他们受挫的象征,成了一切邪恶的化身。(动词转换为名词)

We were most impressed by the fact that even those patients who were not told of the illness were quite aware of its potential outcome.

给我们留下极深印象的是,即便那些没有被告知病情的病人对其疾病的潜在后果也非常清楚。(动词转换为名词)

He had deep sympathy for the insulted and the injured.

他对受侮辱的人和受损害的人有深厚的同情心。(形容词转换为名词)

The true, the good and the beautiful always exist in comparison with the false, the evil and the ugly, and grow in struggle with the latter.

真、善、美总是在同假、恶、丑相比较而存在,相斗争而发展。(形容词转换为名词)

He is physically weak but mentally sound.

他身体虽弱,但思想健康。(副词转换为名词)

Specialization enables one country to produce some goods more cheaply than another country.

专业化能使一个国家生产的产品比别的国家生产的便宜。(副词转换为名词)

(三)转换为形容词

英语中的名词与副词可在翻译时转换为汉语形容词。例如:

I am deeply impressed by the beauty of the Summer Palace.

美丽的颐和园给我留下了深刻的印象。（名词转换为形容词）

As he is a perfect stranger in the city, I hope you will give him the necessary help.

他对这座城市是完全陌生的，所以我希望你能给他必要的帮助。（名词转换为形容词）

The sun affects tremendously both the mind and body of a man.

太阳对人的身体和精神都有极大的影响。（副词转换为形容词）

She chirped, blinking her eyes happily.

她叽叽喳喳地叫着，两眼闪着快乐的光芒。（副词转换为形容词）

（四）转换为副词

英语中的名词、动词、形容词等可在翻译时转换为汉语副词。例如：

The new mayor earned some appreciation by the courtesy of coming to visit the city poor.

新市长又有礼貌地来看望城市贫民，获得了人们的一些好感。（名词转换为副词）

It is our great pleasure to note that China has made great progress in economy.

我们很高兴地看到，中国的经济已经有了很大的发展。（名词转换为副词）

The influence that this genius has had on science continues at the 100th anniversary of his birth.

这位天才在诞生一百周年时还在影响着科学的发展。（动词转换为副词）

I succeeded in persuading him.

我成功地说服了他。（动词转换为副词）

The pictures give a visual representation of the situation.

这些图片直观地展示了当时的情景。（形容词转换为副词）

二、句子的翻译技巧

英汉两种语言在句法结构上的一个重要差别是从句的使用。具体来说，当一套主谓结构在另一套主谓结构中充当一个成分时，充当成分的主谓结构就是从句，且充当什么成分就被称为什么从句。由于从句的使用较为频繁，因而英语中常出现一些结构复杂的长句，为翻译带来不小的障碍。本部分就对从句和长句的翻译技巧展开讨论。

（一）从句的翻译

1. 定语从句的翻译

（1）限制性定语从句的翻译

限制性定语从句与先行词之间不使用逗号，二者的修饰关系较为密切。翻译限制性定语从句时，可采取以下几种方法。

①前置法

汉语常将修饰语放于被修饰语之前，并采用"……的……"这种形式。当限制性定语从句的结构较为简单时，可以采取前置法，将其译为带"的"字的定语词组并置于被修饰语之前，从而使译文符合汉语的表达习惯。例如：

The early lessons I learned about overcoming obstacles also gave me the confidence to chart my own course.

我早年学到的克服重重障碍的经验教训也给了我规划自己人生旅程的信心。

The few points which the president stressed in his report are very important indeed.

院长在报告中强调的几点的确很重要。

②后置法

当限制性定语从句的结构较为复杂，无法采用前置法时，可将其置于被修饰语之后，并译为并列分句，具体来说又包括以下两种情况。

第一，对先行词进行重复。例如：

Man possesses an expressive faculty that goes far beyond gestures, that allows and even compels him to express his thoughts, feelings, dreams and intuitions.

人类具有远远超过手势的表达官能，这种官能不仅能够而且迫使他要把思想、感情、梦幻、直觉表达出来。

She will ask her friend to take her son to Shanghai where she has some relatives.

她将请朋友把她的儿子带到上海，在上海她有些亲戚。

第二，将先行词予以省略。例如：

He managed to raise a crop of 200 miracle pumpkins that weighed up to fifteen pounds each.

他居然种出了200个奇迹般的南瓜，每个重达15磅。

He was a unique manager because he had several waiters who had followed him around from restaurant to restaurant.

他是个与众不同的经理，有几个服务员一直跟随着他从一家餐馆跳槽到另一家餐馆。

③融合法

所谓融合法，就是将原句中的主句与限制性定语从句进行融合，并将它们合译为一个独立的句子。例如：

In our factory, there are many people who are much interested in the new invention.

在我们工厂里，许多人对这项新发明很感兴趣。

These were the meetings that were engineering Khrushchev's "resignation" on ground of "advancing age and deteriorating health".

这些会议促使赫鲁晓夫"辞职"，理由是他的"年纪越来越大，而且健康状况日益恶化"。

（2）非限制性定语从句的翻译

非限制性定语从句与先行词之间常用逗号隔开，且非限制性定语从句只对先行词进行补充说明，二者的修饰关系不是十分紧密。非限制性定语从句的翻译主要有以下几种方法。

①前置法

当非限制性定语从句具有描写性，且结构相对简单时,可将其译为"……的"

结构并置于被修饰语之前。例如：

He liked his sister, who was warm and pleasant, but he did not like his brother, who was aloof and arrogant.

他喜欢热情快乐的妹妹，而不喜欢冷漠高傲的哥哥。

Mary, whose composition is read by the teacher, is a top student in our class.

作文被老师宣读的玛丽是我们班的尖子生。

②后置法

当非限制性定语从句的结构较为复杂时，可将其译为独立分句或并列分句。

第一，译成独立分句。例如：

I was quite surprised to receive a long handwritten response from him, in which he thanked me for taking the time to write and encouraged me to follow my dreams.

我意外地收到他的一封很长的亲笔回信，他在信中感谢我抽出时间给他写信，还鼓励我去追求自己的梦想。

He had talked to Vice-President Nixon, who assured him that everything that could be done would be done.

他和副总统尼克松谈过话，副总统向他保证，凡是能够做到的他将竭尽全力去做好。

第二，译成并列分句。例如：

She studied hard at school when she was young, which contributed to her success in later life.

她年轻时学习很用功，这一点有助于她后来人生的成功。

Kissinger and his small group of aides toured the Forbidden City, where the Chinese emperors had once lived in lofty splendor.

基辛格和他的一小组随从参观了故宫，从前的中国皇帝曾在此过着奢华显赫的生活。

2. 名词性从句的翻译

英语中的名词性从句主要包括主语从句、宾语从句、表语从句以及同位语从句等。下面具体分析其翻译方法。

（1）主语从句的翻译

第一，当主语从句由 what、whoever、whatever 等代词来引导时，可遵循原文的表述顺序进行翻译。例如：

He would remind people again that it was decided not only by himself but by lots of others.

他再次提醒大家说，决定这件事的不只是他一个人，还有其他许多人。

Whatever he saw and heard on his trip gave him a very deep impression.

他此行的所见所闻给他留下了深刻的印象。

第二，当主语从句由 it 充当形式主语时，可根据原句的具体情况来灵活摆放其在译文中的位置。例如：

I take it for granted that you will come and talk the matter over with him.

我想你会来跟他谈这件事情的。

It was obvious that I had become the pawn in some sort of top-level power play.

很清楚，某些高级官员在玩弄权术，而我却成了他们的工具。

（2）宾语从句的翻译

第一，当宾语从句由 what、that、how 等引导时，可遵循原句的顺序来进行翻译。例如：

Can you hear what I say?

你能听到我所讲的话吗？

If you are interested in our proposal, we should be glad to know on what terms you would be willing to conclude an agreement.

如果贵方对我方的提议感兴趣，我方想知道贵方的签约条件。

第二，当原句使用 it 充当形式宾语时，在译文中应将 it 省略，并对宾语从句的位置灵活处理。例如：

I made it clear to them that they must hand in their term papers before this Friday.

我向他们讲清楚了，他们必须在本周五前交学期论文。

I take it for granted that you will come and talk the matter over with him.

我想你会来跟他谈这件事情的。

（3）表语从句的翻译

表语从句的翻译一般采取顺译法，即按照原文的顺序进行翻译。例如：

The question is whether he has signed the contract.

问题是他是否已经在合同上签了字。

This is what he is eager to do.

这就是他所渴望做的事情。

（4）同位语从句的翻译

英语中的同位语从句常用来对句中的名词、代词进行解释说明。对同位语从句进行翻译时，不必采取固定的方法，而应结合具体的语境来进行灵活处理。具体来说,既可将从句提前,也可保留从句在原文中的位置,还可通过增加"即"、冒号、破折号等来使译文符合汉语表达习惯。例如：

An obedient son, I had accepted my father's decision that I was to be a doctor, though the prospect interested me not at all.

作为一个孝顺的儿子，我接受了父亲的决定，要当医生，虽然我对这样的前途毫无兴趣。

"Influenced by these ethics, Powers lived under the delusion that money does not stink..."

"受了这种道德观念的熏陶，鲍尔斯生活在一种错觉中，以为金钱总是香喷喷的……"

And there was the possibility that a small electrical spark might accidentally bypass the most carefully planned circuit.

而且总有这种可能性——小小的电火花，可能会意外地绕过了最为精心设计的线路。

3. 状语从句的翻译

(1) 时间状语从句的翻译

由 when 引导的时间状语从句在英语中较为典型，下面对其进行具体分析。

第一，译为表示时间的分句。例如：

When he left school at fourteen, he began to train as an engineer.

当他 14 岁离开学校时，他开始被训练做个工程师。

第二，译为"每当……""每逢……"结构。例如：

When the baby sees the picture of the monster, he bursts into tears.

每当这个孩子看到怪兽的图片时，他都会哭。

第三，译为"刚……就……""一……就……"结构。例如：

Hardly had we arrived when it began to snow.

我们一到就下雪了。

第四，译为"在……之前""在……之后"结构。例如：

When the firemen got there, the fire in their factory had already been poured out.

在消防队员赶到之前，他们厂里的火已被扑灭了。

第五，译为并列句。例如：

She gazed at him, with a curious expression of dislike and distrust as he silently turned away.

她瞪着他，显出一种厌恶又怀疑的难以形容的表情，这时他只好默默地转过身去。

第六，译为条件复句。例如：

When you have driven Jaguar once, you won't want to drive another car.

只要你开过一次捷豹牌汽车，你就不会再想开其他牌子的汽车了。

(2) 条件状语从句的翻译

第一，译为表"假设"的分句。例如：

If an employee was having a bad day, Bob was there telling the employee how to look on the positive side of the situation.

如果某个雇员遇到不开心的事，鲍伯就会告诉他如何去看事情的积极面。

第二，译为表"条件"的分句。例如：

If you tell me about it, then I shall be able to decide.

如果你告诉我实情，那么我就能做出决定。

第三，译为"补充说明"的分句。例如：

"You'll have some money by then, that is, if you last the week out, you fool."

"到那时你该有点钱了，也就是说，如果你能熬过这个星期的话，小子。"

（3）原因状语从句的翻译

第一，译为因果偏正句的主句。例如：

Because the young man used to visit Mary's office, he was considered as Mary's boyfriend.

这个小伙子经常到玛丽的办公室，所以别人都认为他是玛丽的男朋友。

第二，译为表原因的分句。例如：

The book is unsatisfactory in that it lacks a good index.

这本书不能令人满意之处就在于缺少一个完善的索引。

（4）目的状语从句的翻译

第一，译为表"目的"的前置分句。例如：

He pushed open the door gently and stole out of the room for fear that he should awake her.

为了不惊醒她，他轻轻推开房门，悄悄溜了出去。

第二，译为表"目的"的后置分句。例如：

Man does not live that he may eat, but eats that he may live.

人生存不是为了吃饭，吃饭是为了生存。

（二）长句的翻译

英语中的长句常常包含多层逻辑关系，从而使句子结构较为复杂。因此，翻译时不仅要逐层梳理其句间关系，还应摆脱句子结构的限制，将其思想与观点准确传递出来。概括来说，长句的翻译可采取顺译法、逆译法、分译法以及综合法。

1. 顺译法

当英语长句遵循时间先后顺序或者逻辑关系来组织信息时，这种表述方式与汉语基本一致，因而可按照英语长句的表述顺序进行翻译，而不必对其进行调整。例如：

Prior to the twentieth century, women in novels were stereotypes of lacking any features that made them unique individuals and were also subject to numerous restrictions imposed by the male-dominated culture.

在20世纪以前，小说中的妇女都是一个模式。她们没有任何特点，因而无法成为具有个性的人；她们还要屈从于由男性主宰的文化传统强加给她们的种种束缚。

If she had long lost the blue-eyed, flower-like charm, the cool slim purity of face and form, the apple-blossom coloring which had so swiftly and oddly affected A shurst twenty-six years ago, she was still at forty three, a comely and faithful companion, whose cheeks were family mottled, and whose grey-blue eyes had acquired a certain fullness.

如果说她早已失掉了她脸庞和身段的那种玉洁冰清、苗条多姿的气质和那苹果花似的颜色——26年前这种花容月貌曾那样迅速而奇妙地影响过艾舍斯特——那么在43岁的今天，她依旧是一个好看而忠实的伴侣，不过两颊淡淡的有点儿斑驳，而灰蓝的眼睛也已经有点儿饱满了。

2. 逆译法

由于表达习惯的不同，英语有时采取与汉语差别很大甚至完全相反的顺序来进行表述。此时，应采取逆译法，即从原文的结尾处起步，并按照与原文表述顺序相逆的方向来进行。例如：

They (the poor) are the first to experience technological progress as a curse which destroys the old muscle-power jobs that previous generations used as a means to fight their way out of poverty.

对于以往几代人来说，旧式的体力劳动是一种用以摆脱贫困的手段，而技术的进步则摧毁了穷人赖以为生的体力劳动,因此首先体验到技术进步之害的是穷人。

A great number of graduate students were driven into the intellectual slum when in the United States the intellectual poor became the classic poor, the poor under the rather romantic guise of the beat generation, a real phenomenon in the late fifties.

50年代后期的美国出现了一个任何人都不可能视而不见的现象,穷知识分子以"垮掉的一代"这种颇为浪漫的姿态出现而成为美国典型的穷人,正是这个时候大批大学生被赶进了知识分子的贫民窟。

3. 分译法

分译法又称"拆译法",是指将英语句子的成分进行拆分,并分别进行翻译与处理的方法。这是由于英汉的句法结构存在较大差异,将句子拆成较小的部分之后,根据译入语的习惯将其置于不同位置或改变其排列顺序,对于译语读者的理解大有裨益。例如:

What can easily be seen in his poems are his imagery and originality, power and range.

他的诗作形象生动,独具一格,而且气势磅礴,题材广泛。这是显而易见的。

The real challenge is how to create systems with many components that can work together and change, merging the physical world with the digital world.

我们所面临的真正挑战是如何建立这样一些系统,它们虽由很多成分组成,但可互相兼容,交换使用,从而把物质世界与数字世界融为一体。

While the present century in its teens, and on one sunshiny morning in June, there drove up to the great iron gate of Miss Pinkerton's academy for young ladies, on Cheswick Mall, a large family coach with two fat horses in blazing harness, driven by a fat coachman in a three-cornered hat and wig, at the rate of four miles an hour.

(当时)这个世纪刚过了十几年。在6月的一天早上,天气晴朗,契息克林荫道上平克顿女子学校的大铁门前面来了一辆宽敞的私人马车。拉车的两匹肥马套着雪亮的马具，一个肥胖的车夫戴了假头发和三角帽子，赶车子的速度是1小时4英里。

Television, it is often said, keeps one informed about current events, allows one to follow the latest developments in science and politics, and offers an endless series of programs which are both instructive and entertaining.

人们常说，通过电视可以了解时事，掌握科学和政治的最新动态。从电视里还可以看到层出不穷、既有教育意义又有娱乐性的新节目。

4.综合法

英语长句的结构错综复杂，因此不能单纯地使用某一种翻译方法，而应将多种方法有机结合起来，将各种翻译方法的优势充分发挥出来，从而使译出的译文更加准确、流畅、自然。例如：

People were afraid to leave their houses, for although the police had been ordered to stand by in case of emergency, they were just as confused and helpless as anybody else.

尽管警察已接到命令，要做好准备以应付紧急情况，但人们不敢出门，因为警察也和其他人一样不知所措和无能为力。

But Rebecca was a young lady of too much resolution and energy of character to permit herself much useless and unseemly sorrow for the irrevocable past; so having devoted only the proper portion of regret to it, she wisely turned her whole attention towards the future, which was now vastly more important to her. And she surveyed her position, and its hopes, doubts and chances.

幸而丽贝卡意志坚决，性格刚强，觉得既往不可追，白白的烦恼一点儿也没有用，叫别人看着反而不雅，因此恨恨了一阵便算了。她很聪明地用全副精神来盘算将来的事，因为未来总比过去要紧得多。她估计自己的处境，有多少希望、多少机会、多少疑难。

三、语篇的翻译技巧

所谓语篇，是指具有一定长度与交际目的，且语义完整、逻辑连贯的段落，具有口语和书面语两种表现形式。语篇是翻译效果的最终体现方式,因而语篇翻译在翻译实践过程中具有重要的意义。概括来说,语篇的翻译可从衔接与连贯两个方面入手。

(一)语篇的衔接

衔接这一概念最早由韩礼德(Halliday, 1962)提出,是语篇翻译中的一个重要环节。韩礼德认为,衔接就是语篇内部的各种语义关系,这些语义关系使不同的信息组成一个语篇。衔接的优劣对于读者是否可以理解、接受语篇中的信息、观点、主题等具有决定性的影响。

通过语篇衔接手段的有效运用,可在一段话中的各个部分之间建立语法、逻辑联系。在《功能语法导论》中,韩礼德提出了以下五种衔接方式。

1. 照应衔接

照应衔接表示某一语篇中一个成分和另一个成分之间存在着关联,是最明显的一种衔接手段。换句话说,照应就是语篇中的一个语言成分与另一个语言成分互为解释。例如:

Readers look for the topics of sentence to tell them what a whole passages is "about", if they feel that its sequence of topics focuses on a limited set of related topic, then they will feel they are moving through that passage from cumulatively coherent point of view.

只有确定 they 的所指对象,即与 they 形成照应的词语,才能确定 they 的具体含义。本例中,they 与 readers 构成照应关系。

2. 替代衔接

替代衔接是指语篇中用代词或代动词来替换不想重复的部分。概括来说,替代可以分为名词性替代、动词性替代和分句性替代。例如:

Jane needs a new bicycle.She's decided to buy one.

(名词性替代:one 替代 a new bicycle)

He never goes to bar at night, nor do his colleagues.

(动词性替代:do 替代 goes to bar at night)

People believe that Jane will win the first prize in the English Competition. John thinks so, but I believe not.

（分句性替代：so 与 not 替代 Jane will win the first prize in the English Competition）

3. 省略衔接

省略衔接是指将语篇中的某一个或几个成分予以省略，这些被省略的成分可以在上下文中找到。省略也可以分为名词性省略、动词性省略和分句性省略三种类别。例如：

Jack was apparently indignant, and ( ) left the room at one.

（名词性省略，省略作主语的 he）

Reading makes a full man; conference ( ) a ready man; writing ( ) an exact man.

（动词性省略，省略动词 makes）

A: What does she mean by saying that?

B: I don't know for sure.

（分句性省略，know 后面省略了 what she means by saying that）

4. 关联衔接

关联衔接是指通过关联词或关联结构来实现语意上的衔接，韩礼德将英语的连接词语按其功能分为以下四种类型。

第一，时序，用于表示事件发生的先后顺序，如 first、next、then、formerly、in the end、finally。

第二，添加、递进，用于增加或补充信息，如 and、also、furthermore、besides in addition、what is more。

第三，因果，用于阐明原因与结果的关系，如 since、because、for、as、consequently、for this reason。

第四，转折，用于表示前后句意完全相反，如 however、but、conversely、on the other hand 等。

5. 词汇衔接

词汇衔接是指语篇中的某些词汇之间存在语义上的联系,这种联系包括两种,即复现关系和同现关系。

在进行英语语篇的翻译时,首先要对语篇中使用的衔接手段有较准确的把握,从而梳理语篇的内在逻辑关系。然后将句子与句子、段落与段落按照逻辑组织起来,并根据译入语的表达习惯进行相应的转换。例如:

On the surface, many marriages seem to break up because of a "third party". This is, however, a psychological illusion. The other woman or the other man merely serves as a pretext for dissolving a marriage that had already lost its essential integrity.

从表面上看,许多婚姻好像毁在"第三者"手里。然而,这只是一种心理幻觉。第三者不过是一个表象,他瓦解了一个早就失却了其内在完整性的婚姻而已。

Efforts on the part of the developing nations are certainly required. So is a reordering of priorities to give agriculture the first call on national resources.

发展中国家做出努力当然是必需的。调整重点,让国家的资源首先满足农业的需要,这当然也是必需的。

Without a steady supply of fresh blood, without the oxygen it carries, the human brain is quickly impaired. In four minutes, brain cells, starved for oxygen, begin to die and serious brain damage results. In another few minutes, the brain is completely destroyed.

This was the crux of a stubborn problem. The heart could not be taken out of action for more than four minutes—very little time to repair a heart defect. Until a solution could be found, operation on the open heart would be impossible.

人脑如果得不到稳定的新鲜血液,得不到血液中的氧,就会很快受到损伤。大脑细胞缺氧四分钟后就会死亡,导致严重的脑损伤;再过几分钟,大脑就将彻底损坏。

心脏停止跳动亦不能超过四分钟——用这点时间来修补心脏缺陷是远远不够的。问题难就难在这里。不解决这个问题,就不可能打开心脏进行手术。

Quietly, so as not to disturb the child's mother, he rose from the bed and inched toward the cradle. Reaching down, he gently lifted the warm bundle to his shoulder. Then, he tiptoed from the bedroom, she lifted her head, opened her eyes and——daily dose of magic——smiled up at her dad.

他不想弄醒熟睡的妻子,小心翼翼地下了地,一步一步慢慢走到女儿的小床边,弯下腰来,伸出双手轻轻地连女儿带包被一起抱了起来贴在自己的胸前,踮着脚尖走出了卧室。怀中的女儿抬了抬头,睁开睡眼,咧开小嘴冲他朦胧地一笑。女儿的笑打动着他这颗当父亲的心,天天如此。

(二) 语篇的连贯

衔接主要以词汇、语法等有形手段来实现语篇内在的清晰、贯通。与此不同,连贯不使用这种较为明显的手段,而是利用交际双方所共同了解的背景以及必要的逻辑推理来实现语义的顺畅。可见,连贯是语篇内部的一张无形网络。

由于语篇的连贯具有高度的抽象性,译者必须对表面上相互独立的语句进行深入剖析,挖掘出其内在的关系,才能忠实、完整地传达原作的题旨和功能。例如:

The chess board is the world, the pieces are the phenomena of the universe, the rules of the game are what we call the laws of nature. The player on the other side is hidden from us. We know that his play is always fair, just, and patient. But we also know, to our cost, that he never overlooks a mistake, or makes the smallest allowance for ignorance.

世界是盘棋,万物就是棋子。弈棋规则即所谓的自然规律,我们的对手隐蔽不见。我们知道他下棋总是合理、公正、有耐心。但输了棋后我们才知道,他从不放过任何误棋,也决不原谅任何无知。

I wrestled with my own resolution; I wanted to be weak that I might avoid the awful passage of further suffering I saw laid out for me...

我和我自己的决心搏斗着:我要成为软弱的人,这样我就可以避免去走那条要我受更多苦难的可怕的路,我看到这条路就摆在面前……

Bertha Manson is mad; and she came of a mad family—idiots and maniacs through three generations! Her mother, the Creole, was both a mad woman and drunkard! As found out after I had wed the daughter: for they were silent on family secrets before Bertha, like a dutiful child, copied her parent in both points.

伯莎·梅森是个疯子,她出身于一个疯子家庭,三代都是白痴和疯子。在我娶她之前,他们家对这个秘密一直是守口如瓶。结婚以后我才发现,她的母亲,那个克里奥尔人,原来既是一个疯女人又是一个酒鬼!伯莎像个孝顺的孩子,在这两点上和母亲一模一样。

By a simple process, the scientists extract from the leaves of the plant a compound called podophyllotoxin, which is used in the cancer drug etoposide. The main source of the compound to date has been from the root stem of an Asian plant similar to the Mayapple, but taking it kills the plant and has resulted in its near extinction. By using the leaves, it's not necessary to kill the plant.

科学家们用一种简单的工艺从这种植物的叶子中提取出一种叫作鬼臼素的化合物,用它制成磷酸依托泊苷抗癌药物。迄今为止,这种化合物主要来源于一种与鬼臼果类似的亚洲植物的根茎,但取出根茎植物就会死亡,导致该植物近乎灭绝。只用叶子,就可避免此种后果。

第五节　英语翻译中的文化对比

在英汉翻译研究中,关于文化对比研究这一要素的探讨主要是通过文化对比的方法探索英汉翻译的客观规律和普遍性;并为英汉翻译提供科学的依据。英汉翻译中的文化对比主要是对语言中文化因素的对比以及对语言转换产生影响的语言外文化因素的对比。总之,对英汉翻译中文化对比相关问题进行探讨有着非常重要的作用和意义。本节主要围绕文化对比对翻译的影响、文化对比下翻译的原则以及策略进行研究和分析。

一、文化对比对翻译的影响

作为翻译工作者,在其具体的翻译实践中,首先就应对翻译所涉及的两种语言有足够的理解和把握,而要想对语言有更好的掌握和认识,深入了解两种语言所涉及的社会文化也非常关键。翻译工作者不仅应对两种语言所涉及的文化有足够的认知,还应加强对这两种不同文化的对比。强化对两种不同文化的对比对翻译有着重要的影响作用和意义。

(一)物质文化对比对翻译的影响

英汉民族的人们生活在不同的物质世界中,他们所创造出来的所有物质产品都是文化的物质载体。我们经常所提及的衣、食、住、行就属于物质层面文化的重要构成部分。这些物质文化是不同民族的物质基础和思想观念等在人们生活层面的直接、真实的反映。只有对这些物质文化进行对比,才能加深不同民族文化间的沟通与理解,并对翻译有着非常重要的影响作用。下面的例子是一些典型的汉语中物质文化的英译和一些独具特色的英语物质文化的汉译。

唐装 Tang suit

旗袍 cheongsam

杂碎 chop suey

Hot dog 热狗

salad 色拉

(二)生态文化对比对翻译的影响

受到地理位置差异这一客观性因素的影响,英汉民族的生态文化也存在着明显的不同。就我国的地理位置来看,典型的大陆性国家使我国具有幅员辽阔、地大物博这一特点,并出现了诸多具有特殊地域色彩的表达。例如,"福如东海""寿比南山""黔驴技穷"。英国以其发达的航海业著称,其语言表达中也出现了很多与船、海洋、水等相关的表述,如 all at sea(不知所措),spend money like water(挥金如土)。加强对这些生态文化因素的对比对翻译实践中与之相关文本材料的理解非常有帮助，有利于作者在源语和译入语之间进行更好的思维转换。

二、文化对比下翻译的原则

翻译是解决不同国家间语言文化交流的媒介，对不同语言所进行的翻译其实也就是在对文化进行对比，并在了解文化差异的基础上所进行的翻译。基于文化差异的客观存在以及文化背景的复杂性等，文化对比下的翻译也应以一定的翻译原则为依据，下面就对文化对比下的翻译原则进行详细分析和探讨。

（一）约定俗成原则

文化对比下的翻译应坚持约定俗成的原则，具体指的是在翻译的过程中应依照语言的发展规律和语用习惯，采用被大家普遍接受的约定俗成的表达进行翻译。对于一些已有翻译的人名、地名、习惯表达，应选择最通用者定名而不必新增译名，徒乱人意。

例如，U. S. Department of State 应按习惯译为"美国国务院"而不是"美国国务部"。

再如，将"科学发展观"按习惯译为 Scientific（Outlook on）development，这一译法曾经让西方读者产生了误解，将其理解为"科技"发展观，导致这一误解的原因在于在英文中，science 多指自然科学，然而在现代汉语中"科学"的内涵则比较宽泛，涵盖自然和社会科学。历经长时间的话语实践，"科技"发展观这一译法逐渐被西方理解和接受。

（二）"和而不同"原则

文化对比下的翻译还应坚持"和而不同"的原则，这一原则又具体包括以下几个方面的内涵。

1. 忠实第一，创造第一

从某种意义上来看，翻译是译者所进行的一种再创造的实践活动。然而，这里所说的创造是相对的、有条件的，应在忠实传达原文语义和文化内涵的基础上进行。这在很大程度上和翻译的属性是分不开的，翻译作为一种实践活动，旨在使一种语言的读者借助于本国文字来了解其他国家的文化。也就是说,译者通过译语将源语文化介绍给译语读者,应尽可能地将不理解原文的人借助于译文知晓、了解并欣赏原文的思想内容和文体风格。此处所讲的思想内容不仅包括源语文本的语义内容,而且还包括源语文本的文化内容,并在理解源语语义和文化内容的基础上来进一步理解源语文本的文体风格。要想更好地实现上述目的,就应追求目的语文本与源语文本的意义相当、语义相近、文体相仿、风格相称。这也就决定了我们应该将"忠实"作为翻译的第一要则。

在文化对比翻译的过程中坚持"和而不同"的原则还要求在翻译实践中尊重原作和源语文化。也就是说,在翻译的过程中尽最大可能忠实源语文本,不随意删改、改造或对原作进行改写。然而,就实际来看,这种绝对的"忠实"并不存在,过分忠实于原文极有可能会导致死译、硬译,这也是翻译实践中比较忌讳的。此处所说的"忠实"具体指的是如实、准确地表达原文的语义内容、文化内容和原文所传达的文化韵味,而不是刻意地追求语言表达形式的雷同。在真正做到在"意似"和"神似"的前提下还应兼顾"形似",这些都是翻译工作者所追求的理想境界。

然而,在具体的翻译实践中,还往往存在着"文化空缺""概念空缺"以及语言表达方式差异等情况,如果拘泥于绝对忠实的翻译有时很难用恰当的译语形式再现原文的语义内容和文化内容。此时,进行适当、得体的创造就非常必要。特别是对于文学翻译而言,这种"创造"特别是将提高审美价值作为其翻译目标的"艺术加工"更是不可或缺的。将翻译看成是对原作的再创造,事实上就是指译者借助于自己的创造性加工工作将原作的精髓用另外一种语言完美地再现出来。但是,这种创造绝对不是凭空想象地改写或歪曲事实,不能摒弃其文化内涵。总而言之,文化对比下"和而不同"的原则应坚持忠实第一,创造第二,创造必须以忠实为前提。

2.内容第一,形式第二

文化对比下的翻译所坚持的"和而不同"原则还应坚持"内容第一,形式第二"这一细则。这里的内容具体指的是源语语言本身所蕴含的语义、文化、情感等内涵。这里的形式具体指的是源语内容借以表达的语言外壳,具体包括原作的文本体裁、修辞手段以及语句篇章结构等。具体而言，就是应将内容的翻译处理、准确传递放在首位，同时，还应兼顾源语的文本形式，这样有利于更好地传递源语的文体风格。如果遇到维持原文形式很难有效传达原作内容的情况，就要牺牲形式来达到内容的准确。形式事实上是附属于内容并为内容服务的，不能为了追求形式而牺牲内容。甚至在必要时，还应适当地调整结构、增删字词、转换语义或对句型进行改换等。

例如：

裁衣不用剪子——胡扯

Cutting out garments without the use of the scissors—only by tearing the cloth recklessly——talking nonsense.

在对本例汉语歇后语进行翻译时，很好地坚持了"内容第一，形式第二"这一原则，将源语中所蕴含的汉语文化很好地展现出来。

（三）空位补偿原则

根据美国著名的《圣经》翻译研究学者尤金·奈达（Eugene A.Nida）所提出的"零位信息"这一概念，在对文化词汇进行翻译的过程中会出现词汇空缺或文化缺省的现象。针对这一现象，只能在翻译时跨越文化词汇所造成的翻译障碍，坚持空位补偿原则进行翻译，以此来弥补或避免翻译时的信息亏损。例如：

沉鱼落雁（of a woman）extremely beautiful

巴儿狗 Pekingese

兵马俑 terra cotta warriors and horses

灯会 lantern festival

蚕宝宝 silkworm

（四）文化顺应原则

顺应性是语言的一大特点。语言的顺应性这一特点具体指的是为了满足语境所需，语言能使使用者从可供选择的项目中进行灵活的变通。语言和文化间的密切关系也要求交际双方只有与文化语境相顺应才能促成交际的成功。换句话说，在实际的言语交际过程中，交际的双方都应做出选择来顺应各种文化的语境因素,以利于交际目的的实现。

文化顺应就是不同文化下的人们在进行交际的过程中,为了促成交际的顺利和成功,相互借助于调整文化表达和文化行为等方式来适应他者的文化语境。相应地,在翻译实践中,也应坚持文化顺应的翻译原则。具体而言,就是要求译者在翻译的过程中,应依据读者的期盼、源语文本文化以及译者自身的能力等因素,对文化融合的翻译策略进行灵活的选择。这主要是因为翻译文本的目标读者有其自身对文化背景、译文期待以及交际等的个性化需求,为了迎合目标语读者的这一心理需求,同时也为了源语文化图式更好地能被目标语读者所接受,就应顺应目标语语言文化,以便目标语读者更顺利地了解源语文化所要表达的各种信息,更利于实现文化信息的传播。

(五)文化再现原则

基于文化对比的视角对英汉翻译进行探讨也是为了更恰当地对翻译中存在差异的文化因素进行处理,并更有利于文化交流这一翻译实质问题的实现。换言之,就是在翻译实践中应通过语际转换使源语中的文化信息能完美地再现。具体而言,坚持文化再现原则包括以下几点内涵。

1. 再现源语文化特色

鲁迅认为,翻译应保持原作的风姿,必须有异国情调,也就是所谓的"洋气"。换言之,译者在翻译过程中,应忠实地将源语文化再现给译语读者,不应抹杀和损害源语的文化色彩,应尽可能地保持源语文化的完整。例如:

巧妇难为无米之炊。

译文1:Even the cleverest housewife can't make bread without flour.

译文2:Even the cleverest housewife can't cook a meal without rice.

在对本例原文进行翻译时,就会涉及中西传统主食文化差异这一问题。通过分析译文1,可以看出,翻译时充分考虑到了英美国家的传统主食是面包这一文化因素,并没有体现源语中"米"这一字眼,这一译法更利于英美人接受和理解。但是,如果在我国古典小说中对这一表述进行翻译,西式面包与整个作品的文化氛围并不协调,这样的翻译方法就会有损源语的民族文化特色。通过分析译文2，可以看出，这一翻译保留了原作中"米"这一物质文化概念，如果是出现在古典小说之类的文学作品的翻译，这一翻译不仅符合作品的社会文化背景，而且再现了源语的民族文化特色。

2. 再现源语文化信息

再现源语的文化信息具体指的是翻译时不应仅仅局限于原文的字面意思，而应对源语所承载的文化信息有比较深刻的理解，并在译文中使其再现。例如：

Mr. Vargas Llosa has asked the government "not to be" Trojan horse that allow the idealism into Peru.

巴尔加斯·略萨请求政府不要充当把理想主义的思潮引进秘鲁的特洛伊木马。

在对本例进行翻译时，首先应对源语中的Trojan horse（特洛伊木马）这一文化因素有比较深刻的理解和认识，它是指"内部的颠覆者，起内部破坏作用的因素"，在翻译时，将其直译为"特洛伊木马"，使其文化信息得以完整地保留。

3. 再现源语文化风格

再现源语的文化风格是对文化翻译实践中比较高层次的翻译要求。可以说，文化风格是文本所要传递的思想灵魂和内在精髓。源语的文化风格对其文本信息起着质的规定性作用。以文学作品为例，语言文字是文学作品最基本的表现形式，是作家情感和认知的载体，并且能很好地展现作家的写作风格以及作品的艺术风格。不同的作家往往有其独特的艺术风格和语言特色。可见，再现源语的文化风格非常关键。例如：

苏小姐理想的自己是："艳如桃李，冷若冰霜，"……谁知道气候虽然每天华氏一百度左右，这种又甜又冷的冰激凌作风全行不通。

Miss Su, who pictured herself in the words of the familiar saying, "as delectable as peach and plum and as cold as frost and ice," ...Who would have thought that while the temperature hovered around 100 degrees every day, this sweet, cool ice cream manner of hers was completely ineffective.

本例原文中，运用了多处比喻，其一是用"艳如桃李,冷若冰霜"来比喻美女，其二是用"冰激凌作风"来比喻人的行为作风，这一比喻使原文在表达上产生了诙谐、幽默的效果。之所以用"冰激凌作风"作比喻，一方面是因为冰激凌集合了"桃""李""冰"这几种事物的特点，又甜又冷，所暗含的幽默效果溢于言表。译者在翻译时，将"艳如桃李，冷若冰霜"译为 as delectable as peach and plum and as cold as frost and ice，将"冰激凌作风"译为"...Who would have thought that while the temperature hovered around 100 degrees every day, this sweet, cool ice cream manner of hers was completely ineffective"，很好地传译了原文的文化风格。

三、文化对比下翻译的策略

文化对比的翻译策略多种多样，但是无论采取哪种翻译策略，都是为了更好地传译源语文化。为了对文化对比下的翻译策略有更具体、清晰的认识，下面将从以下几种归类对其翻译策略进行探讨。

（一）传统型翻译策略

1. 直译策略

在对文化词汇进行翻译时，直译策略是最基本、最传统的翻译策略。如果仅仅采用直译策略就能将源语文本的文化内涵传达出来，采用直译策略最佳。例如：

To be on the thin ice 如履薄冰

at one's wits end 智穷才尽

to fan the flame（s）煽风点火

to burn one's boats 破釜沉舟

to turn a deaf ear to 充耳不闻

Olive branch 橄榄树

Soft environment 软环境

Social security cards 社保卡

Problem furniture 问题家具

Drainage oil 地沟油

A stick-and-carrot policy 大棒加胡萝卜政策

Absolute advantage 绝对优势

anti-dumping 反倾销

Clean fuels 清洁燃料

Cultural shock 文化冲击

Silver screen 银幕

七嘴八舌 with seven months and eight tongues

信贷政策 credit policy

素质教育 quality education

政府补贴 government subsidy

希望工程 Hope Project

乡镇企业 township enterprise

象牙塔 ivory tower

失业率 unemployment rate

年终奖 year-end bonus

白色污染 white pollution

落后产能 outdated capacity

碳足迹 carbon footprint

碳税 carbon tax

森林覆盖率 forest coverage

天然气 natural gas

温室效应 greenhouse effect

热带雨林 tropical rain forest

文化遗产 cultural heritage

中国文学 Chinese literature

中国结 Chinese knot

亚健康 sub-health

延缓衰老 to defer senility

When the cat's away the mice will play.

猫儿不在，老鼠翻天。

2. 意译策略

在对英汉文化词汇进行翻译时，如果在目标语言中找不到确切对应的文化词汇，或者采用注释等方法也不能很好地传递源语的信息，可进行适当的转变，采用意译策略进行翻译。例如：

相声 witty dialogue comedy

孝道 filial piety

水墨 Chinese brush painting

中山装 Chinese tunic suit

杂耍 Variety show

中医学 Traditional Chinese Medical Science

偏方 folk prescription

按摩 massage therapy

推拿 medical massage

祖传秘方 secret prescription handed down from one's ancestors

Silly money 来路不明的钱

Punch line 广告妙语

Silent contribution 隐名捐款

It is along lane that has no turning.

路必有弯，事必有变。

She was born with a silver spoon in her month.

她生长在富贵之家。

3. 音译策略

音译又被称为"转写"，这种翻译策略就是用一种文字符号来表示另一种系统文字符号的过程或结果。在翻译实践中，音译策略也得到了很好的运用。运用音译策略有利于将一些具有特殊文化特色的词语"移植"到译语文化中去，从而使其逐步为译入语读者所了解并欣然地接受，同时还有利于促进跨文化语言交际活动的有效进行。例如：

Lansing 兰辛

Vitamin 维生素

Travis 特拉维斯

Radar 雷达

Philosophy 菲洛索菲

Jupiter 丘比特

Muse 缪斯

Hippie 嬉皮士

Prometheus 普罗米修斯

Pandora 潘多拉

Mousse 摩丝

Simmens 席梦思

Penicillin 盘尼西林

Lymph 淋巴

刮痧 gua sha

瑜伽 yoga

蹦极 bungee

馄饨 wonton

八卦 ba gua

功夫 kung fu

磕头 kowtow

武夷茶 bohea

这是柿油党的顶子，抵得一个翰林。

This was the badge of the Persimmon Oil Party, equivalent to the rank of a Han Lin.

在对本例中的"翰林"一词进行翻译时，就采取了音译的翻译策略，使源语文化的异质成分得到很好的保留。

（二）实践型翻译策略

随着全球化、信息化时代的逐步推进，翻译实务也呈现出面广量大的特点，翻译技术得到了飞速的发展，翻译的新经验也呈现出日新月异的状态，花样翻新的实践型翻译策略从翻译实践中凸现出来。这种类型的翻译策略并不单单隶属于哪个特定学派或某一系统理论，但是却对提升翻译效果非常有帮助。下面就结合实践型翻译策略在翻译中的运用进行具体分析。

1. 零翻译策略

零翻译策略是一种客观存在的比较新颖的翻译策略。相比于传统意义上的直译、意译、音译等翻译策略，这种翻译方法具有省时、简便、节省空间等优点。在翻译中，恰当地使用零翻译策略，对促进本民族语言和文化的发展有着非常重要的作用和意义。例如，iPad 等词语的运用就是非常典型的实例。这样一来，不仅能确保原科技语的准确运用，而且有利于目的语读者对这一文化事物的接受和传播。类似的例子还有很多。再如，买 DVD（买一台数字激光视盘），查一下 DNA（查一下脱氧核糖核酸），做 B 超（做 B 型超声诊断）。又如：

FAX（传真）

VIP（要客）

VS（对阵）

EQ（情商）

3M（一种机械产品）

HR（人事部门）

CEO（首席执行官）

IT（信息技术）

2. 深度翻译策略

深度翻译策略又称为"厚重策略"，这一策略具体根据阿皮亚（Appiah）所提到的借助于各种注释、评注来将文本置于丰富的语言文化环境中的翻译。这一翻译策略也适用于翻译任何其他含有较多解释材料的作品。所添加的注释、评注主要是用来让读者更好地理解异域文化中的人们思考问题和表达问题的方

式。例如:

Jewish women are derided as "Jewish-American princesses."

犹太学生被讥为"美籍犹太公主"。(注:Jewish-American princesses 是美国俚语,意思是:娇生惯养的阔小姐,自认为应受特殊待遇的小姐。)

(三)文化学派的翻译策略

文化学派的研究者主要是对文化的渊源进行研究,此学派的翻译观点认为,翻译应同政治、经济、文化、社会意识形态等多种文化因素相联系。下面就结合几种比较典型的文化学派的翻译策略进行探讨和分析。

1. 文化移植策略

具体而言,文化移植策略指的是将一个民族特有的文化现象以其本来面目移植到另一个民族的文化空缺里。这种翻译策略对增强两个不同民族文化间的相容性非常有帮助。例如,在翻译"亚洲四小龙"时,为了有意规避 Dragon 一词在西方文化中的"怪物""罪孽"之意,通常将其译为 Four Tigers of Asia,避讳使用 Dragon 一词。

2. 改写策略

改写翻译策略通常是将目标语言中现成的妙语加以改造并用来翻译原文的方法。例如:

Anger is only one letter short of danger.

原译:生气离危险只有一步之遥。

改译:忍字头上一把刀。

本例中,原译和改译均没有错误,但是相比之下,改译的版本更佳,不仅保留文字游戏的风格,而且保留了原文的含义。

3. 文化置换策略

在翻译的过程中,如果在目的语中找不到对应的词语,可采用文化置换策略进行翻译。也就是说,寻找最为相近或语义对等的词语进行置换或替换。例如:

假使有钱,他便去押牌宝。

If have the money, he went gambling.

本例中的"押牌宝"是我国古代民间一种常见的赌博方式，现在几乎被现代化的各种赌博方式所取代。在对这一具有独特文化内涵的词汇进行翻译时，采用了置换策略，直接用 gambling 一词来替代"押牌宝"。采用置换策略进行翻译的例子还有很多。又如：

iead a dog's life 过着牛马不如的生活

to teach fish to swim 班门弄斧

to have one foot in the grave 风烛残年

牛饮 drink like a fish

拍马屁 kiss sb's ass

胆小如鼠 as timid as a rabbit

挥金如土 spend money like water

4. 文化对应策略

文化对应策略主要是用西方文化中比较知名的人物、事件等来诠释汉语文化中所特有的文化内容。例如，将汉语文化中的"梁山伯与祝英台"比作"罗密欧与朱丽叶"，将中国的江南水乡"苏州"比作东方的威尼斯，将"济公"比作"罗宾汉"。其中浙江兰溪的济公纪念馆中有这样一句话：

济公劫富济贫，深受穷苦人民爱戴。

在对本句中的"济公"进行翻译时，将其译为"Ji Gong, Robin Hood in China robbed the rich and helped the poor"，这一翻译就很好地采用了文化对应策略。这样一来，更加有利于迎合译入语国家人们的理解。

5. 归化翻译策略

归化翻译策略是一种要求译者向译语读者靠拢的翻译策略。运用这一策略进行翻译有利于最大限度地消除由于文化差异而带来的误读，有利于读者更好地理解源语文化。例如：

All right, now that we have covered the social amenities, let's talk turkey about what really happened.

好吧，大家既然寒暄已毕，那就让咱们来认真坦率地讨论实际发生的事情吧。

在对本例进行翻译时，talk turkey为"说火鸡"之意，但是如果这样直接翻译，会让目的语读者感到很茫然，译文在进行翻译时，将其译为"坦率地"更加贴切。

归根结底，归化翻译策略是将原文本土化，采用目的语语言的表达方式进行翻译，将原文语言转化为本土化的语言，不仅有利于目的语读者更好地理解原文内容，而且有利于增强译文的可读性。

6. 异化翻译策略

异化翻译策略是在翻译的过程中，保留原文的异国情调，迁就原文的内容，并吸收原文的表达方式向原文读者靠拢。在文化对比翻译中，运用这一策略有利于更好地传达原文的意向和文化内涵。例如：

Some politicians are always calling for an eye for an eye and a tooth for a tooth when they hear of a terrible crime.

一些政客，当他们听到一个可怕的罪行时，便一直要求以眼还眼，以牙还牙。

本例中的an eye for an eye and a tooth for a tooth这一表达出《圣经·旧约·申命论》，在翻译时将其译为"以眼还眼，以牙还牙"就采取了异化翻译策略，很好地保留了原文的文化特色，同时也便于目的语读者对圣经中的典故有更好的理解。

（四）条件型翻译策略

比较常见的条件型翻译策略主要有改写翻译策略和解释型翻译策略，下面就对这两种策略分别进行分析。

1. 改写翻译策略

改写翻译策略是通过某种方式对源语文本进行重新解释、操纵或改变，并在翻译过程中受到译者意识形态和目的语文化占主导的诗学的制约，因而会在某种程度上改变源语文本的思想内容甚至意识形态。

2. 解释型翻译策略

解释型翻译策略是从译入语的角度要求译文得体、语言流畅，为了便于译入语读者的理解，适当地对原文特有的文化现象和必要的背景信息进行解释，使其通俗易懂，增强可读性。

语言是人类用于沟通交流的重要手段与工具。语言与文化关系密切，语言是文化的载体，同时也是文化的一个重要组成部分。不同文化下的语言有着各自的特征，英汉语言也不例外。对英汉语言进行对比分析，了解两种语言的异同，并在此基础上研究英汉翻译，具有重要的意义。本章重点分析英汉语言文化的异同，并探讨英汉语言的翻译。

第二章　英语翻译技巧研究

第一节　词义的选择与引申

词汇翻译是翻译实践中的重要一环，具有一定语言知识的人也往往认为词汇在翻译中不是什么问题，好像困难是在汉语表达上，其实这是不正确的想法。因为词汇在翻译中起着不可或缺的作用，只有掌握好词汇，运用好词汇，才能为翻译打好基础。在翻译中，特别要学习好词义的理解和选择、词汇的语法结构、词汇与语境、词汇与上下文、词汇的搭配、词义的逻辑关系、词汇的歧义、典型词汇的理解等。

一、词义的判断和选择

翻译至少涉及两种语言。有人认为翻译主要是表达问题，至于语言词汇和结构都不是问题，这种想法是不正确的。其实做翻译就需要有个扎实的语言基本功，主要体现在词汇、语法结构、表达能力等方面，掌握好词汇是其中重要的一个方面。翻译中的错误，大多表现在词汇方面，因为英语词汇讲究一词多义，越是普通常用的词语，其在词典中的义项就越多。有些词语在翻译中很难把握其确切的含义，这种词语的词义选择与判断可以看成与以下几个方面有关：

1.英语专有名词具有先天性歧义（尤其是地名专有名词容易产生先天性歧义），例如：A succulent desert cactus—native to tropical and subtropical America. （The Macmillan Encyclopedia，ME）

【译文】一种多汁沙漠仙人掌——原产美洲热带、亚热带地区。

【评析】"America"在此句中不可译为"美国"，此处涉及普通历史、地理常识问题。实际上,"America"和"American"严格地说,应为"美洲"和"美洲的",现在很多人都说成"美国"和"美国的"。因此,只有根据上下文进行区分,才能正确地选择词义,否则就会容易产生先天性的歧义。

2. 英语普通词语先天性歧义(一词多义很普遍,主要原因包括:原始意义与引申意义、普通意义与特殊意义、抽象意义与具体意义、字面意义与比喻意义)。例如:"comb"普通意义为"梳子、蜂房",引申意义为"涌起、卷起";"culture"普通意义为"文化、精神文明、教养",引申意义为"耕作、栽培";"case"普通意义为"实例、事例",引申意义为"病例、案例";"beauty"从抽象意义"美貌"引申到具体意义"美人";"cool"从字面意义"冰凉的"引申为比喻意义"不热情的"等。

3. 英语普通词语结合后产生歧义(词的语义结构有两种情况:一种是词义明确,自由组合;另一种是约定俗成,具有习惯性。这一类词语多表示转义,带有隐喻性)。英语中常由"adj.+n(or phrases)"合成的结构,例如,"light in hand"(易于驾驭)、"like attracts"(物以类聚)、"narrow escape"(九生一死)、"fond dream"(黄粱美梦)、"happy medium"(中庸之道)等。

4. 英语普通词语与专业术语的词义混淆(普通词语与专业术语易造成混淆,因为后者大都是前者引申而来的)。例如,普通词语"output"(产量、产品)引申为专业术语"输出功率、输出信号、排泄物";普通词语"civil"(民用的)引申为专业术语"civil"(土木);普通词语"pupil"(小学生)引申为专业术语"pupil"(瞳孔)等。

针对词汇的词义多样性的特点,译者就要在词汇研究方面下功夫,掌握它们在不同的语言环境中的多义用法。在翻译中千万不可望文生义,否则在译文中就会出问题。所以,准确理解原文意思,从而判断和选择正确的词语。

在很多情况下,同一个英文单词出现在不同的上下文的语境中,往往表示不同的含义,例如:

1) Many companies went bankrupt due to the pandemic.

【译文】很多公司因为疫情的缘故破产了。

【评析】本句中的"company"要与后面的"go bankrupt"联系起来分析,

确定"company"与"went bankrupt"之间的关系,然后再确定"bankrupt"的意思是"无力还债,垮了的,枯竭的,破产的"。根据其上下文语境,确定"go 与 bankrupt"搭配(go 相当于系动词 be,表示一种状态;bankrupt 为形容词,作表语)表示"破产"的意思。

2) A man may usually be known by the books he reads as well as by the company he keeps; for there is a companionship of books as well as of men.

【译文】我们可以通过一个人所交的朋友,也可以通过他所读的书来了解其为人,因为我们不但能与人为友,还能与书为友。(叶子南,《高级英汉翻译理论与实践》实践篇 "Companionship of Books",2001)

【评析】本句中的"company"根据全句的语境和"a companionship of books as well as of men"表达的意思,可以判断"company"表示"友伴"之意。

3) The boss's wrong decision of investment left the company short of money.

【译文】老板投资决策失误,导致公司资金短缺。

【评析】本句中的"short"与"of"搭配构成短语"short of",并且与后面的宾语"money"连用,可确定短语"short of"表示的是"缺少"的意思。

4) The notice was made at such a short time that none of us had enough time to get prepared.

【译文】通知十分仓促,我们所有人都来不及准备。

【评析】本句中的"short"(表示"短的、短暂的、低矮的、短缺的"等)与"time"连用,"short time"表示时间"短暂"的意思。

5) The husband has a short temper and that casts a shadow over the marriage.

【译文】丈夫的脾气十分暴躁,这给他们的婚姻关系蒙上了一层阴影。

【评析】本句中的"short"与"temper"搭配,"short"在此句中表示"易躁的,唐突的",与"temper"连用表示"易怒的"或"坏脾气的""易暴躁的"意思。

鉴于此,在判断词义时,我们必须紧扣上下文语境,具体表现在以下几个方面:

1. 依据语法结构判断词义

一个英语单词可以分属不同的词类，可以用于不同的语法结构中，因此呈现不同的语义。在这种情况下，其结构形式可以帮助我们判断词义。例如：

1）Only eight weeks earlier the suggestion that I might participate in the inauguration as one of the new President's closest advisers would have seemed preposterous.

【译文】就在八周前，如果有人暗示我可能会以新任总统最亲信顾问的身份出席就职典礼，我还会觉得荒谬可笑。（叶子南，《高级英汉翻译理论与实践》实践篇"The Inauguration"，2001）

【评析】"suggestion"（暗示）后面紧跟的是同位语从句，其义等于后面的从句所表达的意思。谓语"might +participate in"为虚拟语气，表示"有可能、不确定、期望、可能会出席、参加"等意思，与"suggestion"所表达的"暗示"意思相吻合。

2）"They are never alone," said Sir Philip Sidney, "that are accompanied by noble thoughts."

【译文】菲利普·席德尼爵士说："有崇高思想做伴的人永不寂寞。"（叶子南，《高级英汉翻译理论与实践》实践篇"Companionship of Books"，2001）

【评析】原句中的"accompanied by"是一个常用的短语，表示"由某某陪伴、做伴"。根据语法结构，可以确定原文中"are accompanied by"的意思是"做伴"，与原文的意思相吻合。

3）Johnson stood like a caged eagle, proud, dignified, never to be trifled with, his eyes fixed on distant heights that now he would never reach.

【译文】约翰逊站在那里，如笼中之鹰，骄傲、威严，不容轻视，他的目光凝视远方——那是他再也不能达到的目标。（叶子南，《高级英汉翻译理论与实践》实践篇"The Inauguration"，2001）

【评析】原文中"never to be trifled with"原意是"绝不可能闹着玩的"，根据语法结构，在此译为"不容轻视"。

4）He was dressed in a morning coat, his pant legs as always a trifle short.

【译文】他身着晨礼服，裤腿和以往一样有点儿短。（叶子南，《高级英汉翻译理论与实践》实践篇"The Inauguration"，2001）

【评析】句中的"trifle"的意思是"小事、琐事、少许、一点儿"。在此句中"trifle"和"short"搭配使用，可以确定"trifle"的意思为"有点儿"。

5）Take the car back to the back yard and back it into the shed at the back of the stable.

【译文】把马（牛）拉车拉回到后院，再把它倒到牛棚后面的小屋里去。

【评析】此句中有四个"back"，从语法角度选择该词的词义：第一个"back"为副词，意思是"回"；第二个"back"为形容词，意思是"后面的"；第三个"back"为动词，意思是"倒回到"；第四个"back"为名词，意思是"后面"。所以译文将这四个"back"的意思都准确地翻译出来了。

6）I can't stomach this job any longer.

【译文】这项工作我再也受不了了。

【评析】此句中的"stomach"（n.）基本词义为"胃、肚子、腹部、食欲、胃口"；"stomach"（vt.）基本词义为"津津有味地吃、消化（常与否定词或疑问词连用）、忍耐、忍受、对……发怒"。根据词性来判断"stomach"在此句中用作谓语动词，译为"忍受"。

2. 依据逻辑内容判断词义

逻辑连贯是行文的必然条件，也就是说上下文中的用词表达必然是前后通顺合理的。因此，上下文的行文逻辑是帮助我们判断词义的有力工具。例如：

1）"How loyal is the man?" he asked a government staff about a potential hand.

【译文】在起用某人前，他向一位政府工作人员探询："此人是否忠诚？"

【评析】原文中的"hand"，不是表示"手"的意思，"hand"与前面的词"potential"（可能的）不能搭配成意。因此，"hand"理解为"personal 或 leader"，"a potential"理解为"可能性的"，根据行文逻辑推理，"a hand potential"可以判断为"有可能起用的人"，因此译为："此人是否忠诚？"

2）Much is produced here for home market.

【译文】这里为国内市场生产了许多产品。

【评析】根据原文的逻辑内容分析,"home",并非表示"家"的意思,同时"home"用来修饰后面的名词"market",可以判断"home"的意思是"国内的"。因此,"home"与"market"搭配,表达"国内市场"也是符合逻辑的。

3) Men often discover their affinity to each other by the love they havc each for a book—just as two persons sometimes discover a friend by the admiration which both have for a third.

【译文】人们往往因为彼此同时欣赏某个人而结为好友,同样,人们也常因为共同喜爱同一本书而引为知己。(叶子南,《高级英汉翻译理论与实践》实践篇"Companionship of Books",2001)

【评析】"affinity"是一个多义词,既可以表示"共同点",也可以表示"亲密关系",而根据下文逻辑内容"discover a friend"来判断,"affinity"理解成"亲密关系",所以译为"结为好友"更加合理。

4) Suddenly the line went limp. "I'm going back." said Smith. "We must have a break somewhere. Wait for me. I will be back in five minutes."

【译文】引爆线突然耷拉下来。史密斯说:"我回去看看。一定是某个地方断了线。等一下,我五分钟就回来。"

【评析】通常情况下,"have a break"的意思是"休息一下",但是根据上文逻辑内容表达的是"suddenly the line went limp(引爆线突然耷拉下来)",所以译文合理。而"have a break"只能表示"断了线",不可译为"休息一下"。

5) After going first to Germany four years of study, then on to America, I became an optics engineer and an expert in the field.

【译文】我先去德国学习了四年,又到美国深造,终于成为一个光学工程师,这一领域的专家。

【评析】原文内容叙述的是:先到德国学习四年,后到美国深造,最后成为一名专家。按照这个逻辑判断,"on"已由介词转换成动词,表示"继续"之意。

6) The first trip of the Nanjing bus at six in the morning was always

crowded. But on this weekday, there were few passengers and she had a whole seat to herself on the right side of the bus.

【译文】早晨六点钟南京的头班公共汽车总是拥挤不堪。但在这个工作日，人倒不太多，她竟在汽车右边占了一个座位（或一整排座位）。

【评析】根据此句的逻辑推理，"a whole seat"表示"一个座位或一整排座位"，若指的是"全部座位"，应将不定冠词"a"改为定冠词"the"，即"the whole seats"。因此，译成"一个座位"是符合目的语的客观情况的。

3. 依据搭配判断词义

一个孤立的词的词义往往是不确定的，但当处于特定的搭配关系时，由于受到周围词的制约，词义就会变得明朗化，而往往不同的搭配所呈现的意义会不一样。因此，翻译时，可以根据词的搭配组合来判断词义。例如，"build、nice、heavy、fine"等词和另一个词搭配时，表意都不相同：

build a car 制造汽车　nice weather 好天气

build a ship 造船　a nice trip 一次畅游

build a fire 生火　a nice girl 好姑娘

build a house 盖房子　a nice guy 好人

build a dam 筑坝　a nice question 微妙的问题

build a bridge 架桥　a nice distinction 细微的区别

build a stamp collection 集邮　the nice handling 慎重处理

build one's confidence 树立信心　a nice observer 细心的观察者

build scholars 培养学者　a nice guard 挑剔的门卫

heavy wine 烈性酒　a fine wine 美酒

heavy crops 丰收　a fine work of art 精美的艺术品

heavy heart 郁闷的心情　a fine student 优秀的学生

heavy news 令人悲痛的消息　a fine performance 精彩的表演

heavy traffic 拥挤的交通　a fine drizzle 蒙蒙细雨

heavy rain 大雨滂沱　a fine lady 温文尔雅的女士

heavy money 大笔钱　a fine workmanship 精巧的制作

heavy casualties 重大伤亡　　fine ore 细矿粉

heavy weather 阴沉的坏天气　　the fine tradition 优良传统

英语中，有很多多义词由于句子的上下文的语境不同以及词语与词语之间搭配不同，它们所表达的意思也不同。分析下列句子中的词语搭配用法：

1）The singer is quite popular among young people.

【译文】这位歌手很受年轻人的喜爱。

【评析】原文中"popular"和"singer"搭配时，"popular"的意思是"受喜爱的，受欢迎的"，"singer"的意思是"歌手"，所以这两个词搭配在一起，表示"受欢迎的歌手"。

2）The meals in the restaurant are served at a popular price.

【译文】那家餐馆的饭菜价格实惠。

【评析】原文中"popular"和"price"搭配时，"popular"的意思是"低廉的，实惠的"，"price"表示"价格、价钱、赏金"，所以这两个词搭配在一起，表示"菜价实惠的"。

3）He writes for a journal of popular science.

【译文】他给一家科普杂志写稿。

【评析】原文中"popular"和"science"搭配时，"popular"的意思是"大众的、普及的"，"science"的意思是"科学"，这两个词搭配，表示"普通的"。

4）Do you like classics or popular music?

【译文】你喜欢古典音乐还是通俗音乐？

【评析】原文中"popular"和"music"搭配时，"popular"的意思是"通俗的"，"music"的意思是"音乐、乐曲"，这两个词搭配，表示"通俗音乐"。

5）The organizations are increasingly recognizing the necessity and advantages of developing new products and services.

【译文】很多机构正越来越意识到开发新产品和新服务项目的必要性和优越性。

【评析】本句中"develop"与"products"以及"services"搭配时，"develop"的意思是"开发"，"product"的意思是"产品、产量、产物、出产"，"services"

的意思是"服务、服务项目",所以这三个词搭配在一起,表示开发"新产品"和"新服务项目"。

6) Many experts from different countries get together to develop an energy policy.

【译文】来自不同国家的许多专家们聚集在一起,来制定一项能源政策。

【评析】原文中"develop"与"policy"搭配时,"develop"的意思引申为"制定",所以这两个词搭配使用,表示"制定一项能源政策"。

7) What man should really be proud of is his brain, which has enabled him to develop machines that go at fantastic speeds.

【译文】人类真正应该引以为豪的是大脑,因为大脑使人能够发明出运转速度极快的机器。

【评析】本句中"develop"与"machines"搭配时,"develop"的意思引申为"发明","machines"表示"机器",这两个词搭配使用,表示"发明……机器"。

8) The space agency says a problem has developed with an experiment aboard the space shuttle.

【译文】航天局说在航天飞机上做的一项实验出了问题。

【评析】本句中"develop"和"problem"搭配时,"develop"的意思引申为"发生、产生、出现","problem"的意思是"问题",这两个词搭配使用,表示"出现……问题"。

9) As the embryo develops, the foreign gene may be present in many cells of the body.

【译文】随着胚胎的发育,异体基因有可能存在于身体的许多细胞中。

【评析】原文中"develop"和"embryo"搭配,"develop"的意思是"生长、发育","embryo"的意思是"胚胎、胎儿、萌芽时期",这两个词搭配,表示"胚胎发育"。

10) The country was recovering its true self, drawing lessons both from its own mistakes and from its enemies.

【译文】这个国家那时正在恢复自己本来的面貌,既从自己的错误中吸取教训,又从敌人那里得到借鉴。

【评析】原文中"draw"的意思是"拉长、拔、抽、吸出、吸取、提取、引起、吸引","lesson"的意思是"功课、课业、课程、教训、训诫"等。"drawing lessons"可以判断词义为"吸取教训"。

4. 根据语境选择词义

在翻译实践中,译者从词典中可以找到有些词语的对等意思,但词典中查到的往往是基本词义,或是最常用的词义。所以有些隐含的词义只能通过语境去理解。研究下列例句中的选义。

1) All people enjoy the luxury of doing good.

【译文】人们要以行善为乐。

【评析】原文中的"luxury"如果译为基本词义"奢华、奢侈",就无法将原文里的意思准确地表达出来,译者必须转变为汉语的思维方式来理解其意,找出汉语本身原有的表意。根据语境将"luxury"译为"乐",符合汉语表达习惯。

2) He did not hesitate in choosing the path of wilderness whenever his convictions, in the context of situation he faced, seemed to demand the choice.

【译文】凡是他经过审时度势,自信看来需要选择冷僻的道路的话,就毫不犹豫地选择这条道路。(杨士焯,《英汉翻译教程》,2006)

【评析】原文中"context"本义是"前后关系、上下文、来龙去脉",在本句中,"in the context"表示"根据上下文,从前后关系看"。如果以此意翻译,就无法准确地译出原文的意思,因此要根据此句的语境,将"in the context"译为"审时度势",才符合原文的意思。

3) That was not a very happy remark.

【译文】那么说话很不得体。

【评析】"happy"是一个极为常用的词汇,有时候它也会有极不常用的用法,译者必须加以思考。根据语境,"happy"在本句中表示"合适的、恰当的"的意思,在此句中选择引申词义,译为"得体的"。

4) Show all of us the complaint book, please.

【译文】请把意见簿拿给大家看看。

【评析】此句中的"complaint"本义是"抱怨、叫屈、控告","book"本义是"书籍、书本、(书的)卷、篇、账簿、名册、登记簿",根据语境,如果把"complaint"译为"抱怨或控告"显然不合句意,只有译为"意见","book"译为"登记簿"才符合原文的意思。

5) Milton's Paradise Lost consists of twelve books.

【译文】弥尔顿的长诗《失乐园》共有 12 卷。

【评析】原文中的"books"本义同上句,根据语境,此句中的意思是"卷"。

译文赏析

1.He is a champion as well as a transmitter of Chinese culture.

【译文】他是中国文化的拥护者和传播者。

【评析】原句中的"champion"本义表示"冠军"的意思,但逻辑不通,与句意不符;"champion"还有"拥护者"的意思,此意与下文的"transmitter"相呼应,表意正确,语义顺畅。

2.The road wound its way through the hills.

【译文】路在山间蜿蜒前行。

【评析】原句中的"wound"是一个动词,是"wind"这个动词的过去式,其意为"使通风""使喘口气""嗅出""蜿蜒而行"等,在此句中译为"蜿蜒前行",符合句意。

3.We recycle soda bottles and restore old buildings and protect our nearest natural resource—our physical health—in the almost superstitious hope that such small gestures will help save an earth that we are blighting.

【译文】我们回收汽水瓶,翻修旧楼房,保护与我们最密切相关的自然资源——我们的身体健康,心里抱着一种近乎迷信的念头,希望这些微小的举动能够拯救一个正受到我们摧残的地球。(孙致礼,《新编英汉翻译教程》实例与译文篇"Fear of Dearth",2003)

【评析】原文中"gesture"的常用意思是"手势",与上文提到的"recycle soda bottles"(回收汽水瓶),"restore old buildings"(翻修旧楼房),"protect our physical health"（保护我们的健康）等有着密切的关系。因此，"gesture"应理解为"举动、行为、微小的动作"之意，选择"微小的举动"符合原文的意思。

4.The news broke that the first driverless car had been successfully developed.

【译文】据报道，首辆无人驾驶汽车已经研制成功。

【评析】原文中的"break"是一个多义词，此句中的"break"与"news"相搭配，"break"的意思是"透露、报道"。为了使译文符合原文的意思，只有选择"报道"之意。

5.The music was fine, but the book was very poor.

【译文】音乐是美妙的，但歌词很糟糕。

【评析】根据语境，"book"译为"书籍、登记簿、账簿、名册、卷、篇"都不符合原文的意思，只有译为"歌词"更为恰当。

讲解题

Translate the following sentences into Chinese. Pay attention to the underlined words.

1.David made a gesture, spreading out his hands as if he were showing that he had no explanation to make.

2.We recycle soda bottles and restore old buildings and protect our nearest natural resource—our physical health—in the almost superstitious hope that such small gestures will help save an earth that we are blighting.

3.Before college, the only people that I had ever known who ever seemed to enjoy a sense of ease and grace were the mothers and daughters.

4.The brilliant pianist has long been held in the good graces of the critics.

5.The company made it a top priority to define its new vision and strategic plan.

6.They preach taking from others, whereas we advocate giving to others.

7.During the entire process of reform and opening, we must persistently oppose corruption.

8.He did not hesitate in choosing the path of wilderness whenever his convictions, in the contest of situation he faced, seemed to demand the choice.

二、词义的引申

词义的引申指在立足词语基本含义的基础上重新措辞表达的过程。在翻译过程中，有时会遇到某些词在英语词典上找不到适当词义表达的情况，如果生搬硬套或逐字死译，往往会使译文生硬牵强，无法确切传达原意。此时，需要依据上下文做一定的引申，以使译文意思准确清晰，表达自然流畅。例如，Nowadays a student heading for college may pack a frying pan along with his books.（译文：如今大学生在学校里也可以自己做点儿吃的了。）原文中的"pack a frying pan"由"一个烙煎饼的平底锅"引申为译文"自己做点儿吃的了"，引申后的译文表达流畅，符合汉语读者的语言表达习惯。所以在英译汉过程中，词义的引申很有必要。词语引申翻译通常涉及以下几方面：

1. 词语表达具体化

汉语的具象思维和英语的抽象思维是英汉思维显著差别之一，表现在语言上，前者多用具体化词语做描写阐述，后者多用抽象概念的词汇。因此，在英译汉时，对于某些抽象名词、形容词等往往可以代之以具体的汉语词语表达。例如，"a dramatic reenactment"（"戏剧性的再现"引申为具体化的"非同寻常的事件"）；Quaker-Oats look（"像麦片商标中的老头那样的表情"，引申为具体化的"毫无表情，一本正经的面孔"）。表示具体化的词语在英译汉的句子中也很常见。例如：

1) By comparison with the narrow, ironclad days of fathers, there was an expansiveness, I thought, in the days of mothers.

【译文】跟父亲们狭隘拘束的生活比起来，我觉得母亲们的日子过得悠闲自在得多。（孙致礼，《新编英汉翻译教程》实例与译文篇"Women and Men"，2003）

【评析】原文中的"expansiveness"是一个抽象名词，其词典释义为"广阔性"，显然不能直接照搬于译句中，这里将其引申为语义明确的具体词语"悠闲自在"，与上文的"狭隘拘束"构成对照，十分贴切。

2）The writer scolded the materialism of the age.

【译文】那位作家谴责了当时贪图物质的风气。

【评析】句子中"materialism"的意思是"唯物主义"，意义抽象，这里将其引申为具体的词义"贪图物质的风气"，这样既忠实原文，又使译文易于理解。

3）There has been too much violence against foreigners in that country these years.

【译文】近年来，那个国家频频发生针对外国人的暴力事件。

【评析】原文中的"violence"是一个抽象名词，本义为"猛烈、激烈、强烈、暴力、暴力行为"等，译文中将其引申为具体的"暴力事件"，既表意具体，更加自然，又符合原文之意。

4）Beggars cannot be choosers.

【译文】乞讨者没有权利挑三拣四。

【评析】原文中"choosers"的意思是"选择者"，如果把此句直译成"乞讨者不可能是选择者"，语义模糊。译者将"choosers"引申为"挑选的权利"，表意具体，清晰流畅。

5）His son has been a disappointment to us.

【译文】他的儿子成了令我们失望的人。

【评析】原文中的"disappointment"表示抽象概念，意思是"失望"；译者将其译为"令人失望的人"，这样就使抽象表达译成具体表达。

6）His new car made him the envy of every boy in the neighborhood.

【译文】他拥有一辆轿车，为此他成了邻里男孩子们的羡慕者。

【评析】原文中的"envy"表示一种抽象概念，意为"嫉妒、羡慕"；译者将其译为"羡慕者"，表示具体概念。

2. 词语表达抽象化

英译汉时，有时会遇到一些包含具体意象的习语式的英语表达，如果直译过来会使译文生硬不自然，可以将之抽象化表达。例如：

1）Each of us has his carrot and stick.(In my case, the stick is my slackening physical condition, which keeps me from beating opponents at tennis whom I overwhelmed two years ago. My carrot is to win.)

【译文】我们人人都有自己的压力和动力。（就我而言，这压力就是我日趋衰弱的身体状况，两年前还是我手下败将的网球对手，现在却打不过了。我的动力就是我想赢球。）（孙致礼，《新编英汉翻译教程》实例与译文篇"Fear of Dearth"，2003）

【评析】"carrot and stick"的字面意思是"胡萝卜和大棒"，表示一种具体概念，指强硬和怀柔的两手措施，但此处直译显得生硬晦涩，因此，译者将其译为抽象化的"压力和动力"，贴切自然。

2）They thought of their fathers, who were bankers, physicians, architects, stockbrokers, and the big wheels of the big cities.

【译文】她们想到的是她们的父亲，那些银行家、医生、建筑师、股票经纪人和那些大城市里的大亨。（孙致礼，《新编英汉翻译教程》实例与译文篇"Women and Men"，2017）

【评析】原文中"the big wheels"的字面意思是"大轮子"，指有影响力的人，如果直译过来，令人不知所云，译文中将其意思引申为"大亨"，译文通顺达意。

3）How do we account for this split between the critics and the readers, the head and the heart？

【译文】评论家和读者之间，也就是理智和感情之间的这种分歧如何解释呢？

【评析】原文中的"the head and the heart"表示一种具体的概念，意思是"头脑和心脏"，译者将其译为"理智和感情"，表示一种抽象化概念。

4）There is a mixture of the tiger and the ape in the character of the colonialists.

【译文】殖民主义者的性格既残暴，又狡猾。

【评析】原文中的"the tiger and the ape"表示一种具体化概念，意思是"虎和类人猿";译者将其译为"残暴和狡猾",表示一种抽象化概念。

3. 基于语体和感情色彩的引申

文章中的用词总是体现了一定的语体风格和感情色彩,或正式,或口语,或严肃,或诙谐,或褒奖,或贬恶,翻译时需要考虑这些因素;在选择汉语词语表达时,力求找到最能匹配原文语体风格和感情褒贬的用词。例如:

1) A good book is often the best urn of a life enshrining the best that life could think out...

【译文】好书犹如人生之瓮,盛载了人生思想之精华……(叶子南,《高级英汉翻译理论与实践》实践篇"Companionship of Books",2001)

【评析】原文中"urn"的本义是"缸",但"人生之缸"的措辞显得比较俗白,译文表述为"人生之瓮",更加贴合散文的文体风格。

2) Hence we ever remain under the influence of the great men of old.

【译文】正因为此,我们一直处于古代圣贤们的熏陶之下。(叶子南,《高级英汉翻译理论与实践》实践篇"Companionship of Books",2001)

【评析】原文中的"influence"是"影响"之意,但上下文的意思是:这种影响是积极正面的,所以在汉语中引申为褒义词"熏陶",更好地体现了原文的情感意义。

3) I think something like my bafflement has been felt by other boys (and by girls as well)who grew up in dirt-poor farm country, in mining country, in black ghettos, in Hispanic barrios, in the shadows of factories, in Third World nations—any place where the fate of men is as grim and bleak as the fate of women. Toilers and warriors.

【译文】我想那些在贫困的乡村、矿区、厂区、黑人贫民区、西班牙人聚居区,还有第三世界国家长大的男孩(也包括女孩)一定会有相同的困惑,因为这些地方的男人,他们的命运跟女人一般凄惨。不是做苦力就是当炮灰。(孙致礼,《新编英汉翻译教程》实例与译文篇"Women and Men",2003)

【评析】"warrior"通常会译成"勇士、战士",但用于此句不合适,因为这里的"warrior"是跟悲惨的命运联系在一起的,译文中译成了"当炮灰",

与原文的情感色彩相一致,是一个很得体的译文。

译文赏析

1.Maria was quite alone among them all in dungeon of a house; and Julia's tongue was enough to kill her.

【译文】玛丽亚住在她们中间异常孤独,就像监牢一般,朱莉娅那刻薄的话语常常使她痛苦不堪。

【评析】"tongue"的本义是"舌头",译文对其做了具体化引申,译成了"刻薄的话语",更易于读者理解原句的意思。

2.We hear what they said and did; we see them as if they were really alive.

【译文】我们耳闻目睹他们的所言所行,好似他们仍活生生在眼前。(叶子南,《高级英汉翻译理论与实践》实践篇"Companionship of Books",2001)

【评析】原句中的"hear"和"see"就是"听见"和"看见"之意,但考虑到原文是一篇散文,因此在措辞表达上,选用了较为书面化的"耳闻""目睹"等表达,实现了语体风格上与原文的契合。

3.(Leaders demand much of others, but also give much of themselves.) They are ambitious—not only for themselves, but also for those who work with them.

【译文】(领导者对他人要求严格,但自己也付出很多)。他们充满雄心壮志——不仅是为自己,也是为与自己一起工作的人。

【评析】根据上下文判断,原句中的"ambitious"蕴含的是褒赞的情感色彩,因此译文没有将它译为贬义的"野心勃勃",而是译成了褒义的"雄心壮志"。

4.There is a mixture of the tiger and the ape in his character.

【译文】他的性格残暴而狡诈。

【评析】如果把短语"the tiger and the ape in his character"直译成"虎猿之性",也不是不可以,但意思不够明确;译文将其含义引申为"残暴而狡诈",表示贬义,前者是老虎的性格特征,后者是猿猴的性格特征,表达清晰,易于理解。

5.The two politicians talked for no more than five minutes, at a significant moment in their careers.

【译文】两位政治家交谈了仅仅五分钟。这次谈话是在他们一生事业的重大时刻进行的。

【评析】原文中"careers"的意思是"生涯、经历、历程、职业、专业"等，在此句中译为"一生的事业"，表示"褒义"，因为两位政治家所谈的内容一般都是"政治前途、国家大事、个人事业"等。所以将"careers"译为"一生的事业"符合原文的意思。

第二节　词类的转换与翻译

词类（parts of speech）的转换与翻译可以简称为词性转译，即在翻译过程中改变译词的词性，例如，英语名词、动词、形容词、介词、副词、连词、冠词等转译。英语词语转译，可以使译文更加符合汉语的表达习惯，自然通顺。下面列举几种词类转换的情况：

英译汉中，词类转换的前提是忠实再现原文的内容，转换的依据是汉语自身的规律和结构，转换的基本方法则灵活多样，并根据句子表达意思的需要而转换词类。

1. 英语名词、介词、形容词转译为汉语动词

英汉两种语言存在诸多差异，其一就是"静态"和"动态"的区别。英语被认为是一种"静态"的语言，而汉语是一种"动态"的语言，表现在多习惯使用动词。因此在英译汉时常常可以化"静"为"动"，把英语中具有动作意味的名词、介词、形容词等转译为汉语的动词。分析下列句子翻译实践：

（1）英语名词转译为汉语动词

英译汉中，英语动词的派生名词和具有动词含义的名词往往可以转译成汉语的动词。例如：

1）Men often discover their affinity to each other by the love they have each for a book—just as two persons sometimes discover a friend by the admiration which both have for a third.

【译文1】人们常常会因为喜爱同一本书而彼此吸引,正如两个人会因为仰慕同一人而结为好友。(叶子南,《高级英汉翻译理论与实践》实践篇"Companionship of Books",2001)

【译文2】人们常常会因为对同一本书的喜爱而彼此吸引,正如两个人会出于对同一个人的仰慕而结为好友。

【评析】原文中的"love"和"admiration"是两个名词,其中"love"具有很强的动词含义,"admiration"是动词"admire"的派生名词,译文1将"admiration"转译成了"喜爱"和"仰慕"两个动词,相比之下,译文2虽然没有进行转换也自然顺畅。所以在翻译中,要视句子的具体意思而定。

2) The turning point of my life was my decision to give up a promising business career and study music.

【译文1】我人生的转折点,是我决定放弃可望发迹的经商之路,而转学音乐。

【译文2】我人生的转折点,是我做出的放弃大有前途的经商之路而转学音乐的决定。(孙致礼,《新编英汉翻译教程》英译汉练习篇"Life in a Violin Case",2003)

【评析】"decision"是动词"decide"的派生名词,译文1将"decision"转译成了动词,相比之下,译成名词的译文2简洁流畅,符合汉语的表达习惯。句子翻译是否转换,视具体情况而定。

3) The very mention of music as a profession carried with it a picture of a precarious existence with uncertain financial rewards.

【译文1】只要一提起以音乐为职业,大家都会联想起那收入不稳定、生活无保障的境况。

【译文2】每次以音乐为职业的提及都会让大家联想起收入不稳定、生活无保障的境况。(孙致礼,《新编英汉翻译教程》英译汉练习篇"Life in a Violin Case",2003)

【评析】原文中的"mention"是一个动词意味很强的名词,译文1将

"mention"译成了动词"提起",比译成名词的译文2要通顺自然得多。

4) My admiration for him grew more.

【译文1】我对他越来越羡慕。

【译文2】我对他有了更多的羡慕。

【评析】在译文1中,译者将原文的名词"admiration"转译为汉语的动词,并巧妙地和后面的动词"grew more"结合在一起,转译得自然流畅。译文2没有将"admiration"转译为动词,读起来不是很自然流畅。所以译文1优于译文2。

5) Aggression took many forms, the unilateral denunciation of treaties and international commitments, interference in the internal affairs of other states, the use of threats against weaker neighbors, the imposition of unequal relationships, outright armed attack the territories of other states and their dismemberment, the subjugation of colonial peoples and the denial of the right of self-determination and fundamental human rights.

【译文】侵略有多种形式:单方面废除条约与国际义务,干涉别国内政,对较弱邻国实施威胁,强迫实行不平等关系,赤裸裸武装进攻别国领土和瓜分别国,征服殖民地民族,否认自决权和基本人权。

【评析】原文中把名词"denunciation"转译为动词(废除),名词"interference"转译为动词(干涉),名词"use"转译为动词(实施),名词"imposition"转译为动词(强迫实行),名词"dismemberment"转译为动词(瓜分),名词"subjugation"转译为动词(征服),名词"denial"转译为动词(否认)。通过这些名词转译为动词,使译文变得更加简洁、流畅,并符合汉语表达习惯。

(2)英语介词转译为汉语动词

介词是英语的常用词类之一,多表示时间、地点、方式等,但有些介词和介词短语具有很强的动作意味,相当于动词。例如:for(购买),beyond(穿过、跨过、超过),after……(过了之后),off(摆脱、离开),on(论述、吃),in(住居),by(靠、借助、依赖),with(拿、带、使用),to(到、去),across(穿过、跨过),over(越过、从……边缘上往下),against(反对），past（越过）等。英译汉时，这些具有动词含义的介词和介词短语往往可以转译为汉语动词。例如：

1）The faith supported her through those hard years after the war.

【译文】这份信念支撑她度过了战后的艰难岁月。

【评析】原文中的"through"是一个介词，但其意思相当于动词"go through"，译文将其转译成了动词"度过"，十分贴切自然。

2）Time Warner will pay TCL 360 million dollars for Southern Satellite company.

【译文】时代华纳愿意出资3.6亿美元从TCL手中收购南方卫星公司。（叶子南，《高级英汉翻译理论与实践》，2001）

【评析】原句中的介词"for"，其意思相当于动词"to buy"，译者将其转译成汉语动词"收购"，自然达意，表意清晰。

3）We were all against the proposal of prolonging the working hours.

【译文】我们全部反对延长工时的提议。

【评析】原文中的"against"虽然是一个介词，但其表达的意思相当于动词"oppose"，译者将其转译成汉语动词"反对"，符合汉语表达习惯。

4）Party officials worked long hours on meager food, in cold caves, by dim-lamps.

【译文】党的干部都吃简陋的饮食，住寒冷的窑洞，靠着微弱的灯光，长时间地工作。

【评析】原文中的三个介词"on""in""by"分别转译为汉语里的动词"吃""住""靠"，译文简洁，表意清晰流畅。

5）He can see beyond the simple happenings to their farther implication.

【译文】他能够透过简单的事件看到其中最深远的含义。

【评析】原文中的介词"beyond"表示"位置"：在……那边，远于；表示"范畴，限度，超出"等；译者将其转译成动词"透过"，符合句意。

（3）英语形容词转译为汉语动词

英语中有很多表示知觉、情感、欲望、意愿、态度、感受、信念等心理状态的形容词，例如：angry（生气）、anxious（急躁焦虑）、answerable（可回答）、helpful（帮助）、devoted（忠实）、confident（相信），expectant（可期待）、aware（意识到）、acquainted（知道了解）、troublesome（令人烦恼）、tired（疲倦）、strange（奇怪）、sympathetic（同情）、steady（稳定）、stiff（不移动）、sweeping（哭泣）、supportable（支持）、thankful（感谢）、grateful（感激）、thoughtful（思考）、useful（利用）、valedictory（告别）、wonderful（惊奇）、unfit（不适用）、weary（困倦）、successful（成功）、watchful（注意戒备）、surprising（令人吃惊）、afraid（当心、害怕）、proud（骄傲、自豪）等。当这些形容词和系动词一起描述主语的某种状态时，译者可以将此类形容词转译成汉语动词。例如：

1）My parents, although sympathetic, and sharing my love of music, disapproved of it as a profession.

【译文】我的父母尽管都理解我，也像我一样喜欢音乐，但却反对我以音乐为职业。（孙致礼，《新编英汉翻译教程》英译汉练习篇 "Life in a Violin Case"，2003）

【评析】原句中的 "sympathetic" 是一个形容词，原意是 "同情的、和谐的、合意的、有好感的" 等，译文将其转译成了动词 "理解"，达意通顺。

2）I am so grateful to my father for what he has done for me.

【译文】我非常感谢我的父亲为我所做的一切。

【评析】原句中的形容词 "grateful" 和系动词 "be" 构成复合谓语，表示动作状态。在译文中转译为动词 "感谢"。

3）We are confident we can fight the pandemic.

【译文】我们坚信可以战胜疫情。

【评析】原句中的形容词 "confident" 和系动词 "be" 构成系表结构，做复合谓语。在译文中转译为动词 "坚信"。

4）Please let us know if our terms are acceptable.

【译文】请告知是否接受我方条款。

【评析】原文中作表语的形容词 "acceptable" 转译为动词 "接受"。完整通顺地表达了原文的意思。

5）He was fully aware what the consequences would be.

【译文】他十分清楚地知道后果该是怎么样的。

【评析】原文中的"aware"是形容词,与系动词"be"构成合成谓语,"aware"转译为动词"知道"。

2. 英语动词转译为汉语名词

英语中一些动词大都是从名词派生而来的动词,它们大都难以直接译成汉语动词,因而需要将其转译成名词后再翻译出来。同时常常需要调整相关词语的词类和语序,或适当地增加词予以补充,使译文更加完整、清晰。这些人成了牺牲品(译文:These people had been victimized),句子中的动词"victimize"是从名词"victim"派生出来的,译为汉语名词是很自然的事,但是适当地增加动词可使译文表意更佳。英语被动语态中的谓语动词往往也可转换成汉语名词,然后添加受动词(受到,加以等),译成"受动词+noun"结构。下面是英语动词转译为汉语名词的译法:

1）A well-dressed man, who looked and talked like an American, got into the car.

【译文】一位穿着考究的男士上了车,他的外表和谈吐都像个美国人。(叶子南,《高级英汉翻译理论与实践》,2003)

【评析】原句中的两个动词"look"和"talk"在原文中都作动词谓语,意思是"外表看上去"和"谈吐";在译文中,直译成汉语名词"外表"和"谈吐/说起话来",都是表示"形象、样子、神情"等状态,不表示动作,既符合题意,又显得自然流畅。

2）Industrialization in this phase is characterized by the massive transfer of surplus labor from the countryside to the urban areas.

【译文】这一阶段工业化的特点是农村的剩余劳动力大量向城市转移。

【评析】原文中的"characterize"是由名词"character"派生出来的动词,在原文中为动词"具有……特点,显示……特点",而在译文中转译成名词"……的特点",由动词转译为汉语名词,在句中作主语,符合汉语表达习惯。

3）The design aims at automatic operation, easy regulation, simple maintenance and high productivity.

【译文】设计的目的在于自动操作，调节方便，维护简易，生产率高。

【评析】原句中的"aim"是由名词形式用作动词，词性上做了转换，但词形上并没有改变，在译文中将"aim"转译为名词"……目的"，符合汉语表达习惯。

4）The famous writer characterized his heroine in a few short paragraphs.

【译文】那位著名的作家在短短的几段文字中，就刻画了女主角的性格。

【评析】原文中的"characterized"是动词，在译文中形式上没有做任何改变，但在词性上做了改变，由动词变成了名词"性格"，符合汉语的表达习惯。

3. 英语形容词转译为汉语副词

在英语中，很多的形容词转译为副词时，修饰这个名词的形容词，相应地转译为副词。英语的形容词转译为汉语副词，在翻译中很常见。下面句子是英语形容词转译为汉语副词的译法：

1）His lecture gave a clear exposition of the possible effect of climate change.

【译文】他在讲座中清晰地阐述了气候变化可能带来的后果。

【评析】原句中的名词"exposition"在译文中转译为动词"阐述"，形容词"clear"也相应地转译为副词"清晰地"。

2）It is reported that there has been a steady increase in China's economy this year.

【译文】据报道，今年中国的经济稳步增长。

【评析】原句中的名词"increase"转译成汉语动词"增长"，形容词"steady"转译成副词"稳步地"，修饰动词"increase"。

3）They made full use of local resources and successfully developed new products.

【译文】他们充分利用当地资源，成功开发出了新产品。

【评析】原句中的"full"是一个形容词，用于修饰名词"use"，译文中将其转译为副词"充分地",用于修饰动词"利用"。

4) Special care should be taken when handling flammable materials.

【译文】拿那些易燃材料时,一定要格外小心。

【评析】原文中的"care"由名词转译为动词"小心",修饰"care"的形容词"special"相应地转译为副词"格外、特别",这样使译文表意清楚。

5) There is big increase in demand for all kinds of consumer goods in every part of our country.

【译文】目前,我国各地对各种消费品的需求量已经大大地增加。

【评析】原文中的"big"是形容词,修饰名词"increase"。在译文中,其形式没有改变,而在词性上进行了改变,由形容词转译成副词"大大地",译文符合原文的表意。

4. 英语副词、名词转译为汉语形容词

英语中有不少副词是从形容词或名词派生出来的,翻译时,可酌情将副词转译成形容词。英汉两种语言都有大量的名词,而且许多英语名词都是从动词派生出来的。例如,名词"consideration"派生出动词"consider",名词"teacher"派生出动词"teach";英语中的一些由形容词派生的名词往往可以转译成形容词,例如,名词"stranger"转译成形容词,名词"society"派生出形容词"social","warmth"可转译成形容词"warm"等。

(1) 英语副词转译为汉语形容词或名词

由于不少英语副词是从形容词或名词派生出来的,因此在译成汉语时,可酌情将其转译成形容词。原来修饰英语动词的副词相应转译为汉语形容词。

1) Securities laws require companies to treat all shareholders reasonably and equally.

【译文】证券法要求公司给予所有持股人合理平等的待遇。(叶子南,《高级英汉翻译理论与实践》,2003)

【评析】原句中的动词"treat"转译为汉语名词"待遇",修饰"treat"的两个副词"reasonably"和"equally"也相应地转译为形容词"合理平等的"。

2) Advertising affects tremendously every sphere of modern life.

【译文】广告对现代生活的方方面面产生极大的影响。

【评析】原句动词"affect"转译为名词"影响",其修饰副词"tremendously"相应转译为形容词"极大的",符合汉语表达习惯。

3) They are poorly educated and thus have little if any knowledge of the infectious disease.

【译文】他们教育程度较低,对这种传染病几乎一无所知。

【评析】原句动词"educated"在译文中转译为名词"教育程度",其修饰"educated"的副词"poorly"相应转译为形容词"较低的",用来修饰"educated"(教育程度),也符合汉语表达习惯。

4) It demonstrated that gases are perfectly elastic.

【译文】已经证实,气体具有理想的弹性。

【评析】原文中的形容词"elastic"转译为名词"弹性",修饰"elastic"的副词"perfectly"也随之转译为形容词"理想的",用来修饰"elastic"(弹性)。

5) Advertising affects tremendously every sphere of modern life.

【译文】广告对现代生活的方方面面都产生极大的影响。

【评析】原文中的副词"tremendously"在译文中转译为形容词"极大的",用来修饰由动词转译为名词的"affects",符合汉语习惯用法。

6) The paper said editorially that China has successfully survived a worldwide financial crisis.

【译文】该报的社论说,中国成功地经受住了一场波及全球的金融危机。

【评析】原文中的副词"editorially"在译文中形式上没有改变,但在词性上转译为名词"社论",为目的语读者所接受。

7) The old man is physically weak but mentally sound.

【译文】这位老者身体虽弱,但心智健康。

【评析】原文中的"physically"和"mentally"在原文中都是副词修饰形容词"weak"和"sound";而在译文中将它们转译为名词"身体"和"心智",在句子中用作主语。译文准确,流畅。

(2) 英语名词转译为汉语形容词

有些英语名词，尤其是由形容词派生而来的名词，英译汉时往往可以把这些名词转译为汉语形容词。

1）Computers offer a much greater degree of flexibility in the way work is organized.

【译文】利用计算机，工作安排可以灵活得多。

【评析】原句中的"flexibility"是由形容词"flexible"派生而来的名词，翻译时，将其转译为汉语形容词"灵活的"，在词形上没有任何变化，但在词性上发生了改变。译文准确清晰。

2）Obtaining good health insurance is a real necessity for overseas students.

【译文】留学时，有一个好的医疗保险是非常必要的。

【评析】原文中的名词"necessity"是由形容词"necessary"派生而来的，翻译时，将其词性转译为汉语形容词"必要的"，译文符合原文的表意。

3）There is a peculiar charm of vividness in his paintings.

【译文】他的画作生动形象，有种别样的魅力。

【评析】"vividness"是由形容词"vivid"派生而来的名词，为了译文表达的需要，译者将其名词的词性转译为形容词"生动的"，这样使得译文准确流畅。

4）As he is a perfect stranger in the city, I hope you will give him the necessary help.

【译文】因为他对这座城市的情况完全陌生，我希望你能给他必要的帮助。

【评析】原文中的"stranger"是由形容词"strange"派生出来的名词，翻译时，译者将其名词的词性转译为汉语形容词"陌生的"，但在词形上没有任何改变。

综上所述，鉴于英汉两种语言的表达习惯差异，在翻译时，也没有必要完全照搬原文的意思和表达形式。把一种词类转译成另一种词类时，可以灵活地进行词性转换，以使译文更加符合汉语的表达习惯。

译文赏析

1.Education is a progressive discovery of one's own ignorance.

【译文】教育是不断发现自身无知的过程。

【评析】原句中的"discovery"是动词"discover"的名词形式，汉译时转译为动词"发现"，与此同时，原本修饰"discovery"的形容词"progressive"也转译为副词"不断地"，译文也很地道。

2.Local residents held protest marches in opposition to the proposed law.

【译文】当地居民为抗议新提出的法规举行了示威游行。

【评析】原句中的介词短语"in opposition to"相当于动词"oppose"，译文中将其转译为动词"抗议"。

3.She is a good listener and I love to talk with her.

【译文】她善于倾听，我喜欢跟她说话。

【评析】"listener"是一个名词短语，译文将其转译为汉语动词"倾听"；原本修饰"listener"的形容词"good"相应转译为汉语动词"善于"；相比之下，直译"好的倾听者"更符合汉语的表达习惯。

4.The substance is soluble in water.

【译文】该物质可溶于水。

【评析】原句中的"soluble"是一个形容词，译文中将其转译为汉语动词"可溶于"，在词形上没有发生任何改变，但在词性上发生了改变。译文表达简洁，流畅。

5.Interpreters act as a bridge between people who cannot communicate with each other due to language barriers.

【译文】译员的作用就是在因语言障碍无法沟通的人员之间架起桥梁。

【评析】原句中的"act"是一个动词，如果译为动词"充当……的作用"，固无不可，但因其后接成分较长，读来比较拗口，将其转译为汉语名词"作用"，译文表意准确。

6.The severity of global warming keeps increasing and requires immediate actions to counter it.

【评析】全球变暖趋势变得日益严重，需要立即采取措施加以应对。

【评析】"severity"是由形容词"severe"派生而来的名词。译文中将其名词词性转译为汉语形容词"严重的"，词形上没有发生任何改变。译文准确流畅。

第三节 专有名词的翻译

专有名词是特定的人或物的名称，涉及范围十分广泛，包括人名、地名、机构组织名、国家名、景点名、商标名等。英语专有名词的翻译方法主要包括以下几种。

一、音译法

顾名思义，音译法是一种基于发音的翻译方法，即把原文发音转换成译入语中相同或相近的发音。很多英语专有名词，其构成词汇并无实际意义，如人名、地名等，对其的常规处理方法就是音译，用汉语中与原文发音相同或相近的词汇代替。在翻译英文人名时，名和姓之间用间隔号"·"隔开。音译有下列几种情况，例如：

1. 可以直接用原语发音音译：

Albert Einstein 阿尔伯特·爱因斯坦 Francis Bacon 弗朗西斯·培根

Joe Biden 乔·拜登　Donald Trump 唐纳德·特朗普

Hollywood 好莱坞　Berlin 柏林

Washington 华盛顿　Scotland 苏格兰

Twitter 推特　Google 谷歌

Huawei 华为　Alibaba 阿里巴巴

2. 有些专有名词不能完全用英语发音音译：

Paris 巴黎（不能用英语音译，像"Paris"——帕里斯）

Rome 罗马（不可用英语音译，像"Rome"——罗姆）

Germany 德意志（不能用英语音译，像"哲默尼"）

3. 日本的一些专有名词按照日文汉字的发音音译，所以他们的音译和我们的音译差别很大：

Tokyo 东京　Nagasaki 长崎

Hiroshima 广岛　Yokohama 横滨

Toshiba 东芝　Mitsubishi 三菱

Hatoyama 鸠山

4. 有些汉语的人名和地名尽管在有些书刊上和国外的出版物上偶有发现，但现在已废弃：

Peking 北京　Amoy 厦门

Mukden 沈阳　Canton 广州

Dairen 大连　Harbin 哈尔滨

Kalgan 张家口　Swatow 汕头

Fatshan 佛山　Quemoy 金门

Spratly Is 南沙群岛　Paracels Is 西沙群岛

5. 有些专有名词（包括人名和地名）的"约定俗成"的音译法：

Bethune 白求恩　Eden 艾登

Nixon 尼克松　Roosevelt 罗斯福

Churchill 丘吉尔　Hitler 希特勒

Chapayev 夏伯阳　Bernard Show 萧伯纳

The Thames 泰晤士河　Time《时代周刊》

使用音译法时，需要注意汉语选字及可能产生的联想意义。汉语中的同音异形现象十分普遍，相同的发音可以匹配若干不同的汉字，而不同的汉字会带来不同的联想，因此必须结合原文语境选择合适的汉字，避免不恰当的联想。如"Joe Biden"的音译为"乔·拜登"，这三个汉字能够避免不合适的联想，比较适用于人名，如果替换成"酒·拜灯"，就很不合适。

使用音译法时，还需要注意的一点就是译名要力求规范，也就是要勤查工具书，查找正式的、约定俗成的译名，以免引起混乱。如"Shirley Temple"的音译名就是"秀兰·邓波儿"，虽然与原文的发音并不十分相似，但这个译名已经广为接受，如果译成其他，反而会给读者带来困扰。

二、音、意合译

音意合译是一种特殊的音译法，即译文在保留原文语音特点的同时，能够表达特定含义，这主要是通过汉语词汇的联想意义来实现的。上文说过，在使用音译法时需要结合原文语境选择合适的汉字，避免不恰当的联想；而如果所选汉字能够令读者产生与原文语境相契合的联想，就实现了音和意的统一。这一处理方法主要适用于商标品牌名称的翻译。例如：

Coca Cola

【译文】可口可乐

【评析】这四个汉字能够让人联想到饮料可口的口味和给人带来的愉悦，正与产品的属性相契合，达到了音和意的完美统一。

Benz

【译文】奔驰

【评析】这是大家耳熟能详的一款高端汽车品牌，其译名体现了产品的高性能，采用了音意合译。

Canon

【译文】佳能

【评析】此品牌也是采用了音意合译法。这个品牌名"佳能"本身就会给广大消费者一个极佳的联想意义，产生一种消费欲望。

Safeguard

【译文】舒肤佳

【评析】"舒肤佳"是清洁用品，会使人联想到，使用这种"清洁用品"后，能让消费者的皮肤有舒服极佳的感觉。

Pampers

【译文】帮宝适

【评析】"Pampers"谐音"帮宝适"，是婴儿用品，让人联想到，使用这种"婴儿用品"后，能保护婴儿的娇嫩皮肤，不受到损伤，这样就会吸引广大的消费者。

三、意译法

意译法（Semantic translation）主要用于下面一些专有名词，如组织、公共机构、报刊、电台、新闻机构、书、电影等名称以及含有特定意义的地名、大多数专业术语等都要进行意译。翻译时，可以参考《各国政府机构手册》《世界报刊、通讯社、电台译名手册》《英汉技术词典》等。意译法是与音译法相对的一种翻译方法，即依据专有名词构成词汇的字面意思转译成译入语的一种处理方法。如果专有名词构成词汇具有基本含义，如机构组织名，往往适用意译法。例如：

West Point 西点   the Indian Oceans 印度洋

the United Nations 联合国   the European Union 欧盟

the White House 白宫   the Yellow Stone Park 黄石公园

Daily Telegraph《每日电讯报》   the Pentagon 五角大楼

AP（Associated Press）美联社   the Kremlin 克里姆林宫

Whitehall 白厅   Fleet Street 舰队街

四、半音译半意译

有些英语专有名词，部分词汇没有意义，部分词汇有意义。这种情况下，可以采用半音译半意译的处理方法，即对没有意义的部分采用音译，有意义的部分采用意译。例如：

Buckingham Palace 白金汉宫（Buckingham 音译，Palace 意译）

the Mississippi River 密西西比河（Mississippi 音译，River 意译）

Tower of Babel 巴别塔（Tower 意译，Babel 音译）

Greenwich Mean Time 格林尼治平均时间（Greenwich 音译，Mean Time 意译）

Queen Elizabeth 伊丽莎白女王（Queen 意译，Elizabeth 音译）

Cambridge 剑桥（Cam 音译，bridge 意译）

Ohm's law 欧姆定律（Ohm 音译，law 意译）

Einstein equation 爱因斯坦方程（Einstein 音译，equation 意译）

译文赏析

1.the World Bank

【译文】世界银行

【评析】该专有名词由"world"和"bank"这两个有意义的词汇构成，适用意译法，故根据字面意思译为"世界银行"。

2.Goodyear

【译文】固特异

【评析】这是一个轮胎品牌名称，译名"固特异"采用了音意合译的方法，根据近似发音，选取的三个汉字能够产生"特别牢固、与众不同"的联想，令人印象深刻。

3.William Shakespeare

【译文】威廉·莎士比亚

【评析】这是一个人名，适用音译法。这个音译虽然与其英文发音并不十分相似，但已经成为一个"约定俗成"的译名，所以不必改译，沿用原有的译名，以免给读者带来困扰。

4.Harvard University

【译文】哈佛大学

【评析】该专有名词中包含一个无意义的词汇"Harvard"和一个有意义的词汇"University"，因此校名适用半音译半意译法，译为"哈佛大学"也会被人们所接受。

第四节　增词译法

增词法是常用的英汉翻译技巧之一，是指在原文的基础上添加相关语言成分，使译文能够更加清晰明确地传达原文意义，表达上更加符合汉语的表达习惯。使用增词法时，必须遵循"增词不增意"的原则，即所添加的内容是原文虽无其词却有其意的词、词组或句子。英译汉中的增词处理主要包括以下几种情况：

1. 结构性增词

结构性增词是为了保持语言结构上的完整性。

1）We won't retreat, we never have and never will.

【译文】我们不后退，我们从来没有后退过，我们将来也决不后退。

【评析】原文中两个"retreat"省略，为了加强语气，表达决心，必须在译文中增译两个"后退"，把原文中的语气充分地体现出来。

2）They have our interest at heart as we have theirs.

【译文】他们关心我们的利益，我们也关心他们的利益。

【评析】在原文中省略了一个"利益"，为了使结构上表达完整，在译文中必须增译一个名词"利益"，这样不仅不觉得累赘，反而使语义更加完整清晰。

3）He was a quiet and thoughtful man.

【译文】他举止文雅，待人体贴。

【评析】从原文中可以发现，少了两个名词"举止"和"待人"。为了使译文在结构和搭配意思上完整，必须在译文中增补"举止"和"待人"，这样表意就完整流畅。

2. 语义性增词

语义性增词是指为了使译文语义明确，通顺流畅，符合汉语行文习惯，而根据表达意义需要增加的词语。增译的词语可以包括各种词类以及表示名词复数、动词时态等方面的词语。下面为常见的增补的汉语范畴词：

preparation——准备工作　solution——解决办法

necessity——必要性　arrogance——傲慢态度

complexity——复杂性　jealousy——嫉妒心理

modernization——现代化　collectivism——集体主义

industrialization——工业化　collectivization——集体化

tension——紧张局势

foolhardiness——蛮干作风　madness——疯狂行为

irregularities——越轨行为　complacency——自满情绪

loftiness——崇高气质　alienation——异化现象

下列汉语句子中，翻译成英语时必须通过增加词语来补足语义，使译文表达通顺流畅，符合汉语行文需要。

1）Arrangements have been made to give the foreign guests a warm welcome.

【译文】为热烈欢迎外宾，准备工作已经就绪。

【评析】原文中的"arrangement"本义是"安排、准备"，如果将此词直接翻译出来，可以勉强表达原文的意思，但不够完整、清晰。所以，在译文中必须将"arrangements"译为"准备工作或安排工作"，通过增补一个范畴词"工作"，译文就更为清晰、完整。

2）She confines her remarks to scientific management.

【译文】她所讲的仅限于科学管理问题。

【评析】原文中的"management"本义是"管理"，如果将此词直译成"管理"，其表达的意思不够完整，所以译文中增补一个范畴词"问题"，就使译文的意思完整，更加清楚明了。

3）Recourse to arms is not the best solution to a quarrel between countries.

【译文】国与国之间的争端借助武力，不是最好的解决办法。

【译文】原文中的"solution"本义是"解决、解答、解释、溶解"，如果只译为"解决"，表意不完整，此处增补一个范畴词"办法"，译文就更为完美。

4）He was described as impressed by your flexibility.

【译文】据说，他对你的灵活态度印象深刻。

【评析】原文中的"flexibility"本义是"灵活、柔性、揉曲性"，翻译时增补一个范畴词"态度"，使译文的意思更加完整、清晰。

3. 逻辑性增词

逻辑性增词是增加一些关联词、虚词、语气词等，表示语言的逻辑性。

1）I said nothing because I could feel the resentment from where I sat by the coffee table. There was a large envelope on the table.

【译文】我坐在咖啡桌旁边，什么也没有说，因为我感觉到他有气。咖啡桌上放着一个大信封。

【评析】此句中增加了一个关联词"因为"，使得汉语句子前后连贯，符合汉语表达逻辑。

2）Air pressure decreases with altitude.

【译文】气压随海拔高度的增加而下降。

【评析】原文中的"altitude"译为"海拔高度"，翻译时应在其后面增补"增加"这个词语，使译文顺理成章，符合逻辑。

3）Don't take it seriously! It's only a joke.

【译文】不要太认真嘛，这只是一个玩笑而已。

【评析】译文中增补了一个语气助词"嘛"和一个虚词"而已"，虽然没有实意，但译文的语气表现出来了。下面详细地讲解结构性增词和逻辑性增词的使用。

一、结构性增词

结构性增词主要是由于英汉两种语言在语言结构上存在着很大差异，英语当中不需要的，汉语当中是必要的，或者英语当中需要的，汉语当中是不必要的。分析下列两种情况，并进行结构性的增词。

1.英文省略结构性的增词翻译

结构性增词的适用情况之一是英文的省略结构。按照英文的表达习惯和修辞要求，重复内容往往倾向于省略，而汉语则倾向于重复，因此在处理英文的省略结构，尤其是动词性省略时，汉译时往往可以增补被省略的内容，以使译文表达清晰、通顺。例如：

1）They understand the Internet, how it works and how people use it. Google is all about inventing new ways of finding the information you want.

【译文】他们了解因特网，了解它是如何运作的，了解人们是如何使用它的。Google 就是用新的办法来找到你所需要的东西。

【评析】原句中，动词"understand"后面带了三个宾语，译文中为了结构性的需要，增补了两次"了解"，表达自然，符合汉语行文习惯。

2）Reading makes a full man; conference a ready man; and writing an exact man.

【译文】读书使人充实；讨论使人机智；笔记使人准确。（王佐良译）

【评析】原文第二和第三句都省略了谓语动词"makes"，汉译时，为了结构性的需要，增补"使人"一词，符合汉语的表达习惯。

3）Kant walked very slowly because he thought it was bad for him to sweat, and alone because he had formed the habit of breathing through his nostrils.

【译文】康德散步的时候走得很慢，因为出汗对身体不好。他还喜欢独自一人散步，习惯用鼻子呼吸。

【评析】原句中，"and"后面省略了"Kant walked"，如果不做结构性的增词处理，直译成"独自一人"，会令人不知所云。

2. 增加概括词的翻译

结构性增词的第二种情况是"增补概括词"。在一些汉语句子中，往往增加一些概括性的词语，不仅可以使前后句子连贯，还具有总结概括的意思，可使译文表述的内容清晰明了，便于读者理解。例如，通常使用"这、那、这一切、所有这些、上述各项、凡此种种、以下内容、如下事实"等词语。

1）The paper has theoretically and practically proved the incorrectness of the theory.

【译文】论文从理论和实践两个角度证明了该理论的错误性。

【评析】译文在"理论和实践"后面增添了概括词"两个角度"，在处理"incorrectness"这个抽象名词时，增补了范畴词"性"，表达清晰完整。

2）The two countries have deepened their cooperation in education, culture, science and technology.

【译文】两国加强了教育、文化、科技等领域的合作。

【评析】译文在"教育、文化、科技"三个列举成分后面，增添了概括词"等领域"，表达完整，语义清晰。

3）A design must have a good foundation in statics, kinematics, dynamics, and strength of materials.

【译文】一个设计人员必须在静力学、运动学、动力学和材料力学这几方面有很好的基础。

【评析】译文中译出四个学科之后，增补了一个概括性的词语"这几个方面"，不仅对前面提到的内容进行了总结，而且对前面提到的四个学科予以强调，使读者加深了印象。

4）Sino-Russia links have multiplied—political, commercial, educational, cultural, defence, science and technology.

【译文】中俄两国在政治、商务、教育、文化、国防和科技等领域的交往成倍地增加。

【评析】在译文中，译者增加了一个概括性的词语"等领域"，使译文更加符合汉语的表达习惯。

5）Inventors and the public want more information on the economic, social and environmental impacts of organizations.

【译文】投资者和公众希望更多地了解各位在经济、社会以及环境领域等几方面发挥的影响。

【评析】译文中首先提到几个具体问题，然后用一个概括性的词语"几个方面"进行概括，不仅起到了强调作用，而且使译文更加完整，更加符合汉语用语习惯。

二、逻辑性增词

顾名思义，逻辑性增词指出于逻辑连贯的需要所做的增词处理。英译汉时，要根据上下文的行文逻辑，添加一些承上启下的关联表述，以使译文通顺流畅。例如：

1）Youth is not a time of life, it is a state of mind; it is not a matter of rosy cheeks, red lips and supple knees; it is a matter of the will, a quality of the imagination, a vigor of the emotions.

【译文】青春不是年华，而是心境；青春不是桃面、朱唇、柔膝，而是深沉的意志、无限的遐想和炙热的恋情。

【评析】原文第一、二个分句和第三、四个分句构成两组一反一正的对仗句式，译文在处理第二和第四个分句时，省略主语的同时，增补了两个"而"，使原文的逻辑结构完整，表达通顺流畅。

2）Few of them held jobs outside the home, and those who did filled thankless roles as clerks and waitresses.

【译文】她们很少有人离家工作，即便有，也多是干些文员、招待之类意义不大的差事。（孙致礼，《新编英汉翻译教程》实例与译文篇"Women and Men"，2003）

【评析】译文中增补了表示让步转折的关联词语，表述"即便……也"，强调了上文"few"的含义，逻辑顺畅。

3）My parents insisted upon college instead of a conservatory of music, and to college I went.

【译文】我父母坚持让我上大学而非音乐学院，最后我如他们所愿上了大学。（孙致礼，《新编英汉翻译教程》实例与译文篇"Women and Men"，2003，译文有改动）

【评析】译文中增补了"最后"和"如他们所愿"两个关联词语表述，使上下文衔接紧密，连贯性强。

译文赏析

1.The last six years have seen Google become not just the world's most popular Internet search engine, but a verb, a household word and a cultural phenomenon.

【译文】过去六年里，Google 不仅变成了世界上最受欢迎的搜索引擎，而且变成了一个动词，变成了一个家喻户晓的词语，甚至变成了一种文化现象。

【评析】原句中，动词"become"后面接了四个宾语，符合英文省略重复结构的行文习惯，但汉语倾向于重复，译文中增添了三个"变成"，使行文表达流畅自然，意思更加清楚。

2.The first electronic computers went into operation in 1945.

【译文】第一批电子计算机于 1945 年投入使用。

【评析】原句中"computers"是一个复数名词,将其译为汉语时,添加了"第一批"(the first),不仅表达出"第一批"的时间概念,而且也有强调的意味。

3.As a new spring begins, I remain hopeful that our two countries can move beyond tension.

【译文】新的一年春天到了,我仍然对我们两国能够摆脱紧张局势充满希望。

【评析】"tension"是一个抽象名词,其意思是"紧张",汉译时在其后面添加范畴词"局势",使语义更清晰,符合汉语行文规范。

4.Great sums of money have been spent, for example in the deserts of Egypt, in "prospecting" for oil. Sometimes little is found.

【译文】石油勘探花费巨大,比如,在埃及的沙漠里进行的勘探工作就是如此,但往往收效甚微。

【评析】原文两个句子之间有明显的对比转折关系,汉译时添加了关联词"但",表示转折关系,使上下文更加连贯流畅。

5.I wondered what this powerful and tragic figure thought as he ended a term of office that had begun with soaring aspirations and finished in painful division.

【译文】我很想知道这位曾经权倾一时的悲剧人物此时此刻有何感想。他上任之初,人民对他寄予厚望,而今离任时,国家却陷入严重分歧。

【评析】原句中的"soaring aspirations"和"painful division"是两个语义比较模糊的表述。如果直译成"崇高理想"和"痛苦分裂",虽然也可以,但意思指向不明,译文通过增加词语处理的方式,使它们指向的对象明确化,表达更清晰,更易于理解。

6.How these two things—energy and matter—behave, how they interact one with the other, and how people control them to serve themselves make up the substance of two basic physical science, physics and chemistry.

【译文】能量和物质这两样东西具有什么性质,如何互相起作用,如何控制它们为人类服务,这些问题就构成了物理和化学这两门基础自然科学的主要内容。

【评析】译文先将原文中的"能量和物质"的性质、相互作用以及如何控制它们为人类服务译出,然后增加了一个概括性的词语"这些问题",对前面提到的内容进行了概括。这样不仅译文层次清楚,而且也符合汉语行文的逻辑结构。

第五节 减词译法

翻译中的减词法是指在完整保留原文意思的前提下,删除一些在译文中显得多余甚至影响表达的词语和一些翻译过来显得累赘,甚至可有可无的词语。在使用减词译法时,需要遵循"减词不减意"的原则。也就是说,原文的某个或某些语言成分在译文中没有对应译出,但原文意思并没有因此有任何缺漏,只要满足这个条件,任何语言成分都可以省略。

英译汉中的减词处理主要包括以下几种情况:

1. 省略英语中的特有词语:非人称代词、先行词、指示代词、惯用法特有代词——"it"。

2. 省略补足词或多余词——"there"。

3. 省略在习惯表达句子(there + be)中的——"there"。

4. 省略句子中的冠词——"the"或"a/an"。

5. 省略汉语多余的词——"人称代词"或某些"动词"等。

英汉翻译中的减词包括减去原文中的某些重复部分,减去原文中没有具体含义的词语,以及减去原文中某些概括性的词语。

一、省略英语特有的词

英语中有些词的用法是英语特有的,汉译时无法做相应处理,往往需要省略。主要包括：

1. 省略"there be"句式中的"there"

"There be"句式是英文中的存现句，表示人或物的存在，该结构中的"there"是一个引导词，并不表示实际的"那里"之意，汉译时需要省略。"There be"句式可以译为汉语的无主句"有……"，还可以根据具体语境选取其他主语做灵活处理。例如：

1）For any trend, there are as many reasons as there are participants.

【译文】不管什么时尚，有多少人跟着赶时髦，就有多少种理由。（孙致礼，《新编英汉翻译教程》实例与译文篇"Fear of Dearth"，2003）

【评析】原句中的"there are"汉译时，省略引导词结构"there are + subject"中的"there"，译为无主句"有……"，这也是汉译"there be"句式的常规译法。

2）She was a very beautiful woman, of a noble spirit, and there was a dignity in the grief amidst all the wildness of her transport.

【译文】她（母亲）十分漂亮，气质高贵，于悲痛欲绝中透露出尊严。（刘士聪，《英语经典散文翻译与赏析》，2017）

【评析】原句中的"there was"句式，汉译时，省略了"there"，使译文表达简洁自然。

3）There is a steady decrease in the birth rate these years.

【译文】近年来，出生率持续下跌。

【评析】原句中的"there is"句式含有"存在……情况"之意，用作谓语，不必译出来。"出生率"作为主语，表达简洁流畅。

4）Where there is a will, there is a way.

【译文】有志者，事竟成。

【评析】原文中"where"没有实意，两个"there is"含有"有……"之意，用作谓语，翻译时将其省略，不但不影响译文，反而使译文表达简洁流畅。

5）There is nothing but is good for something.

【译文】没有什么东西是一无用处的。

【评析】此句是带"引导词结构的句型"(There be + subject)。其实,"there"在句子中无实意,"there is..."含有"有"的意思,用作谓语。翻译时将其省略,不但不影响句意,反而使译文表达简洁流畅。

2. 省略非人称代词和不定代词"it"

非人称代词和不定代词"it"除了起指称作用外,还可用作先行词,构成强调句式,或用来指时间、天气、距离等。对于第一种用法,翻译时可根据具体情况进行处理,例如,"Be a place what it may, one gets to like it, if one lives long in it."(译文:无论是什么样的地方,只要住久了,总会喜欢上它的。)省略了第一个分句和最后一个分句中的"it"。对于后一种用法,通常连同系动词一起省略:"He glanced at his watch; it was 7:15."(译文:他看了下手表:7点一刻了。)省略了句子中的"it"。

在一些英语句子中,主语或宾语由不定式短语、动名词结构、从句等构成;句子比较长,为了避免句子头重脚轻,英语往往会使用"it"作形式主语或宾语,把真正的不定式、动名词、从句等主语或宾语放到句末,在处理这类结构时,用作形式主语或宾语的"it"可以省略。例如:

1) It is no use regretting what has been lost.

【译文】失去了再来追悔,毫无意义。

【评析】原句中的"it"是一个形式主语,真正的主语是后面的动名词短语"regretting what has been lost",汉译时省略形式主语"it",真正的主语提前译出,符合汉语的行文习惯。

2) Suppose it were perfectly certain that the life and fortune of every one of us would, one day or other, depend upon his winning or losing a game at chess.

【译文】假设有一天我们每个人的生活和命运必然要取决于自己在棋盘上的输赢。(刘士聪,《英语经典散文与赏析》,2017)

【评析】原句中的"it"同样是一个形式主语,真正的主语是"that"引导的从句,汉译时把"that"从句译为主语,形式主语"it"省略。

3) We must make it clear to the public how the virus is spread and how it can be prevented.

【译文】我们必须告知公众病毒是如何传播的，可以如何预防。

【评析】原句中的"it"是一个形式宾语，真正的宾语是句子中的关系副词"how"引导的从句"how the virus...be prevented"，汉译时省略形式宾语"it"和第二个从句中的"it"，使译文更加简洁通顺。

4）How is it with the sick man?

【译文】那病人怎么样了？

【评析】原文中的"it"是非人称代词，在句子中无实意，译文中将其省略。

5）It is with words as with sunbeams: the more they are condensed, the deeper they burn.

【译文】文字像日光一样：愈精炼，愈有力。

【评析】原文中的"it"是主句中的补足"形式主语"，但无实际意义，翻译时予以省略，译文更加简洁。

3. 强调句式中的"it"，翻译时可以省略

英语强调句式结构主要有下列两种，其中的"it"为形式主语，翻译时省略不译。例如：

（1）"It is（was）+ 状语 +that + 句子"强调状语，表示状语成分的可以是单词、词组或句子。句子可以是主语从句、宾语从句或状语从句。

（2）"It is（was）+ 代词（名词形容词）+ that（who / whom / which / whose）+ 句子"，句中的"it"，只具有形式上的意义，没有实际意义，汉译时省略。

1）It is not until she had arrived home that she remembered her appointment with the dentist.

【译文】她回到家才想起来约了牙医看牙。

【评析】原句使用了"it is not until ...that"的强调句式，译文省略"it"，用了"才……"表达原句的强调意义，文意流畅。

2）Her behavior of cutting ties with her parents after going abroad is contemptible for it is her parents who make her what she is today.

【译文】她出国后就跟父母断绝了联系，这种行为实在可鄙，要知道是父母造就了今天的她。

【评析】原句中出现了"it is...who"的强调句式，译文在"for it is her...is today"中，省略了"it"，用"是……"的结构表达原文强调的意味，符合汉语的行文习惯。

3）It is in the spirit of mutual prosperity that we develop our relations with neighboring countries.

【译文】我们正是本着共同繁荣的精神发展与邻国的关系。

【评析】原句中"it is ...that"的强调句式，无实际意义。汉译时省略"it"，译为"正是……"，起到了原文强调的作用。

4）It is Professor Wu who sent me the letter.

【译文】给我寄信的是吴教授。

【评析】原文中的"it"只是构成强调结构的一种形式，没有实意，翻译时省略，使得译文表达更加简洁。

5）She feared it would go hard with her parents.

【译文】她担心她的父母亲要受苦。

【评析】原文中"it"为非人的特有的词，表示一种概念，也通常表示自然现象、时间、距离或一般状态。"it"没有实际意义，将其省略。

二、省略英语冠词

英语冠词（the、a、an）是英语中的一个重要词类，但是其意义更多体现在语法规范的要求之内，而并非表意的要求。在转译为汉语这一重意合的语言时，只要不影响原文意思的准确表达，冠词往往可省略不译。例如：

1）There is a companionship of books as well as of men.

【译文】我们可以与人为友，也可以与书为友。（叶子南，《高级英汉翻译理论与实践》实践篇"Companionship of Books"，2001）

【评析】原句"a companionship of books"中的不定冠词"a"省略不译，译文的意思不受影响，表达反而显得简洁流畅。

2）If I had been asked as a boy, to choose between tending a baby and tending a machine, I think I would have chosen the baby.

【译文】如果有人问身为男孩的我是选择照看婴儿还是机器，我想我会选择照看婴儿。（孙致礼，《新编英汉翻译教程》实例与译文篇"Women and Men"，2003）

【评析】原句中的三个不定冠词"a"和一个定冠词"the"在译文中全部省略，丝毫不影响原文意思的完整表达，如果直译成"一个"和"那个"，反而显得译文累赘。

3）In 1970 the World Bank became the first multilateral institution of its kind to formulate an environmental policy and appoint a high-level advisor to assure its implementation.

【译文】1970年，世界银行成为同类多边机构中第一个制定环境保护政策并委派高级顾问以确保其实施的机构。（叶子南，《高级英汉翻译理论与实践》实践篇"The Bank，Economic Development，and the Environment"，2001）

【评析】原句中"World Bank"前的定冠词"the"省略，两个不定冠词"a/an"省译，译文的意思没有缺漏，译文显得简洁而流畅。

4）Any home appliance must be handled with care whether it is a TV set, a VCR or a micro wave oven.

【译文】家电都要轻拿轻放，不论是电视机、录像机还是微波炉。

【评析】原文中出现三个不定冠词"a"，都是指该类物体，译文中都予以省略，使译文更加简洁，也符合汉语的行文习惯。

三、省略英语中多余的词

总的来说，在英语中，限定动词共有两个或两个以上主语时，常常省略第二个主语后面的动词；而在汉语中，主语有两个及以上的限定动词时，常常省略第二个从句当中或之后的动词。由于英语和汉语不同的表达习惯，英语中有些实义词在汉译时，即使不译出其意思，依然有所涵盖，这些词可以省略不译，以使译文简洁。例如：

1）I belong to you and you (belong) to me.

【译文】我属于你，你也属于我。

【评析】原文为了使语言表达精炼，把第二个谓语动词"belong"予以省略。

2）Reading makes a full man; conference (makes) a ready man; and writing (makes) an exact man.（Francis Bacon: Of Studies）

【译文】读书使人充实，讨论使人机智，笔记使人准确。

【评析】原文中有三个动词"makes"，保留第一个动词"makes"，后面两个动词"makes"是多余的词，予以省略。

3）Small islands have played a disproportionately large role in the thinking of evolutionary biologists.

【译文】那些岛屿虽小，但在影响进化论生物学家思维的过程中起到的作用却非常大。（叶子南，《高级英汉翻译理论与实践》，2003）

【评析】原句中的"disproportionately"一词意思是"不成比例的"，指的是岛屿之小与其作用之大不成比例，译文中的"虽小……，但……却非常大"这一表述已经清晰传达了这层意思，故可以省略不译。如果直译为"那些小岛在进化论生物学家的思维中发挥了与之面积之小不成比例的巨大作用"，显得生硬晦涩，不符合汉语的表达习惯。

4）My father often said it was only the hardheaded thriftiness of my grandmother that kept the wolf at bay.

【译文】父亲常说全亏了祖母精打细算，家里才能勉强度日。（孙致礼，《新编英汉翻译教程》英译汉练习篇"Life in a Violin Case"，2003）

【评析】原句中的"hardheaded"意思为"务实的、精明的"，用来修饰"thriftiness"，强调其程度，译文中的"精打细算"已经传达了这层含义，故该词可以省译。

5）We had checked all the terms and conditions carefully before we signed the contract.

【译文】在签合同前，我们仔细查看了所有条款。

【评析】英语法律文本用词准确缜密，常出现同义词或近义词成对使用的情况，如原句中的"terms and conditions"；而汉语的法律文本用语在准确的前提下，采用简明扼要的语言。因此翻译时，如果不影响意思的完整表达，可以省略。如果直译成"条款和条件",显得啰嗦。

6) It always receives us with the same kindness; amusing and instructing us in youth, and comforting and consoling us in age.

【译文】它(书)总以岁月不移的善意相待,在我们年少时,它给我们以欢乐并引领我们走向知识殿堂,在我们年岁渐长时,亦不吝抚慰老怀。(叶子南,《高级英汉翻译理论与实践》实践篇"Companionship of Books",2003,译文有改动)

【评析】原句中的"comfort"和"console"是一对近义词,意为"安抚、安慰",在译文中出于简洁表达的需要,做了省略处理,合译为"抚慰"。

总之,英译汉中的实义词省略不是特别普遍,但如果省略不会导致意思的缺漏,即"省词不省意",则出于简洁表达的考虑,省略也无妨。

四、省略英语代词

英语中的代词使用频率相当高,英语中往往会使用代词来指称上下文中提到的人或物,在英语语篇中起着重要的衔接上下文的作用;但汉语中提到上下文出现的人或物时,往往倾向于省略或重复,代词使用并不频繁。因此在英译汉时,可以省略英语代词,以使译文简洁流畅。例如:

1) Books introduce us into the best society; they bring us into the presence of the greatest minds that have ever lived.

【译文】书本引领我们进入最美好的境界,带领我们晋见那些历史上最伟大的智者。(叶子南,《高级英汉翻译理论与实践》实践篇"Companionship of Books",2001)

【评析】原句用了人称代词"they"指代上文出现的"books",译文省略不译,显得更加简洁流畅。

2) In fact, I was the efficiency expert for the whole family. I used to organize my father's tools, my mother's kitchen utensils and my sister's boyfriends.

【译文】事实上,我那时就是家中的效率专家。我常常整理父亲的工具和母亲的厨具,甚至连姐姐与男朋友们的约会也是由我来安排的。

【评析】原句中的三个形容词性物主代词"my"在译文中全部省译，如果译出，译文会显得十分累赘。

3) Why do we feel cooler when we fan ourselves?

【译文】我们扇扇子时，为什么会感到凉快些？

【评析】译文省略了原句中的反身代词"ourselves"，意思依然清晰，而表达自然流畅，如果译成"我们给自己扇扇子"，显得啰唆。

4) If we can adopt the EU's (European Union's) code in the US, we can do a bit of reverse engineering on globalization.

【译文】如果我们能在美国采用欧盟的规范，就可以为设计理念的全球化逆转做一点儿小小的贡献。

【评析】原文中出现两个人称代词"we"。如果在一个句子中出现两个相同的主语时，句子后面的主语"we"，可以省略不译，这样可以使译文更为简练。

5) Manufacturer would also be required to disclose the hazardous contents of the products they buy and their plan for disposing of them.

【译文】还要求制造商公布其外购零部件所含的有害成分以及处理方案。

【评析】原文中的物主代词"their"应予以省略。如果把"their"译为"他们的"，"them"译为"他们"，反而使译文显得啰唆。为了使译文简洁，表达流畅，将"他们"省略不译。

五、省略英语连词

英语是重形合的语言，分句或句子间多用连接成分来表达它们的逻辑关系；而汉语是重意合的语言，分句或句子间的逻辑关系多依靠语义的贯通、语境的映衬，比较少地使用连接成分，其上下逻辑关系常常是暗含的。因此，英译汉时，对连词的处理原则是能省略则省略。例如：

1) If winter comes, will spring be far away?

【译文】冬天来了，春天还会远吗？

【评析】译文省略了连词"if"，若译成"如果"，虽然可以，但显得累赘。

2) The moon is so far from the earth that even if huge trees were growing on

the mountains and elephants were walking about, we could not see them through the most powerful telescopes which have been invented.

【译文】月球离地球非常遥远,即使那边山上长着大树,有大象在跑来跑去,我们用已经发明的最高倍率的望远镜也无法看到它们。

【评析】译文没有把原文中的"so...that"直译为"如此……以至于",而是做了省略处理,使得行文清晰流畅,符合汉语的表达习惯。

3) As we sat at the Sir Alexander's table, we were entertained, according to the ancient usage of the North, with the melody of the bagpipe.

【译文】我们坐在亚历山大爵士的桌旁,主人按照北方的古老习俗招待我们听风笛乐。(刘士聪,《英语经典散文翻译与赏析》,2017)

【评析】译文中省略了连词"as",句式紧凑达意,如果译成"当……的时候",会显得翻译腔较重,读起来不自然。

4) We entered the railway station after crossing the major supermarket, while I was buying tickets at the station, my classmate saw to my luggage.

【译文】我们穿过那家大超市,就进了火车站。我买票,我的同学在照看着行李。

【评析】译文中将两个连词"after"和"while"都予以省略,这样,译文就显得清晰、流畅。

译文赏析

1.All the wisdom of the ages, all the stories that have delighted mankind for centuries, are easily and cheaply available to all of us within the covers of books—but we must know how to avail ourselves of this treasure and how to get the most of it.

【译文】人类历来的聪明才智,世世代代所喜欢的故事,我们皆可从书本里获得,既方便又经济——但我们必须懂得如何利用这些宝藏,懂得如何才能从中获益最多。(孙致礼,《新编英汉翻译教程》英译汉练习篇"The Pleasure of Reading",2003)

【评析】原文中的冠词"the"、代词"ourselves"和"it"、连词"and"

在译文中都做了省略处理，显得简洁流畅。此外，名词"covers"也省略了，"the covers of books"简化成了"书本"，意思没有缺失，但更显简洁。

2.As is known to all, using clean energy plays an important role in reducing pollution.

【译文】众所周知，使用清洁能源在减少污染方面发挥着重要作用。

【评析】译文对连词"as"和冠词"an"做了省略处理，符合汉语的表达习惯，如果分别译为"正如"和"一个"，译文会显得累赘。

3.As ever, it was difficult to tell whether it was the occasion or his previous image of it that Nixon actually enjoyed.

【译文】和以往一样，很难判断尼克松喜欢的究竟是眼前的场景还是他幻想中的典礼场面。（叶子南，《高级英汉翻译理论与实践》实践篇"The Inauguration"，2001）

【评析】原句出现了三个"it"，其中第一个"it"是一个形式主语，真正的主语是后面的不定式"to tell...enjoyed"，汉译时省略；第二个"it"引导强调句式，汉译时同样省略。

4.Read not to contradict and confute, nor to believe and take for granted, nor to find talk and discourse, but to weigh and consider.

【译文】读书时不可存心诘难作者，不可尽信书上所言，亦不可只为寻章摘句，而应推敲细思。（王佐良译）

【评析】对于原句中的两组近义词"contradict""confute"和"believe""take for granted"，王佐良先生采用了省略处理，将两组近义词合二为一，分别译为"诘难"和"信"，同时通过修饰语"存心"和"尽"，传达出了原文近义词成对使用而产生的强调、突出的修辞效果。

5.They say forgiveness is divine.It may be good for your health, too.

【译文】常言道，宽容乃圣德。研究表明，宽容有益健康。

【评析】原文中出现两个代词：一个人称代词"they"和一个非人称代词"it"，翻译时都予以省略，使译文表达简洁流畅。

第三章　全球化语境下文化与跨文化交际

第一节　全球化语境下文化的特点与渊源

一、文化的特点

（一）民族性

就文化的产生和存在来说，文化原本就是民族的。因为人类的文化总体上看就是由各民族文化共同构成的，从不同民族的角度出发分析文化，其自然就具有民族性。民族是一种社会共同体，因此越是古老的社会，其文化的民族性就越明显。每一个民族都有能够体现本民族特色的文化。例如，维吾尔族能歌善舞，蒙古族擅长骑马射箭，等等。中华民族是以汉民族为主体的多民族共同体，共同的文化正是使五十六个民族统一为一个民族——中华民族的原因。

（二）符号性

文化不是与生俱来的，而是在人们不断的习得与传授中积累下来的。以语言为例，语言是文化的构成要素之一，语言的符号性特征最为明显。语言中不同的语音、形态等语言要素体现了符号的任意性特征，如汉语中的"猫"，其英文是 cat，法语是 chat，德语是 katze。

人本身就是一种"符号的动物"，符号化的思维和行为是人类生活中最富有代表性的特征。人类创造了文化世界，更为自己创造了一个"符号的宇宙"。

在文化创造中，人类不断地把对世界的认识、对事物和现象的意义及价值的理解转化为一定的具体可感的形式或行为方式，从而使这些特定的形式或行为方式产生一定的象征意义，构成文化符号，成为人们生活中必须遵循的习俗或法则。人们既创造了这些习俗和法则，又必须自觉受这些习俗和法则的制约。人类创造的文化符号可以分为两类：语言符号和非语言符号。

（1）语言符号包括口语和书面语。文化传承的口语传递是通过一代又一代人的亲身实践或口口相传（年轻一代通过交际和学习来继承老一辈的文化传统）来实现的。至于书面语的文化传递，世界上几乎所有的国家或民族的文化传统都以书面语的形式记录在竹简、羊皮纸或纸张上，由于这些介质易于存放，可以长时间保存，因此今天才得以借助浩如烟海的历史文献或书籍来了解并学习本国以及其他国家多彩多姿的文化。

（2）非语言符号是指语言以外的各种信息传达形式，如面部表情、手势、身体动作等，它们都具有特定的文化内涵。从广义上说，雕塑、绘画、照片等一些物化的文化载体以及戏剧、电影等都属于非语言符号，因为它们都以某种方式体现着某种文化内涵。例如，北京的故宫除了众多具有典型中国古代建筑风格和特色的古建筑以外，还存有我国历史上许多朝代的帝王所留下的大量的文化古迹以及包括珠宝、字画、服饰等在内的浩瀚的文物古董。它们既是中华民族的宝贵财富，也是代代相传的物化的中华文化。

（三）兼容性

任何文化都具有兼容性，这是文化得以生存、发展的内驱力。

按照文化兼容的程度，可以将文化分为开放式文化和封闭式文化。这里的"开放"与"封闭"是相对而言的，因为根本就没有完全开放的文化，也没有完全封闭的文化。

人们常常这样形容这两种文化：开放的文化就像一滴只看到浩瀚大海的雨水，因为忽略了其自身的文化个性，消除了文化间的良性差异就会逐渐消融在其他文化之中；封闭的文化则像井水，因为缺乏与其他优秀文化的交流而失去了发展更新的源泉，最终慢慢枯竭。这种现象在人类的发展史上更是层出不穷，如古代埃及推崇皇室内部近亲结婚的所谓宗室血统纯正的文化在现如今发达的生理学和遗传学的研究中被证明存在严重的遗传缺陷和弊端。如此不仅达不到保持血统纯正的目的，反而会使遗传下来的血统不能够正常存活，影响了整个社会的发展。总的来说，文化因为兼容而发展，因为兼容而繁荣。

（四）整合性

吴为善和严慧仙认为，文化是一个群体行为规则的集合体，可以被理想化地推定可能出现在某一社会或群体的所有成员的行为之中。而由群体历史所衍生及选择的传统观念，特别是世界观、价值观等文化的核心成分，常被称为"民族性格""文化实体"。可见，文化是一定区域内的一定文化群体为满足生存需要而创造的一整套生活、行为、思想的模式，是一个由多方面要素综合而成的复杂整体。

所谓文化的整合性，是指一种文化得以自我完善和形成独特面貌的动力。它在保证文化随时间变迁的同时，可以在一定程度上维持文化的稳定秩序。例如，在中国延续了两千多年的传统文化中，融自然哲学、政治哲学和伦理哲学为一体的"天人合一"的世界观，以"经国济世"为目的的实用理性等精神元素，这些作为中国文化的"内核"，始终在中国文化传统的形成中发挥着"整合"的作用。同时，其他组成要素互相融合、互相补充、互相渗透，共同发挥着塑造中国的民族特征和民族精神的功能。经过这种整合而形成的中国文化是一种完全不同于欧美文化的独特模式。

由于不同文化具有不同的文化"内核"，其也会导致在认知模式、价值观、生活形态上的差异，这些差异在交际过程中必然会形成文化的碰撞，而跨文化交际中的误会、冲突也正源于此。如果交际双方均不能理解对方的文化，那么将会产生与交际预期的巨大反差，从而产生令人不满意的结果。

（五）传承性

文化既是可习得的，又是可以传承的。文化可以从一个传承者向另一个传承者进行传承，也可以由上一代传承到下一代，不断发展。布瑞斯林认为，如果某些价值观已存续多年并被认为是社会的核心理念，这些价值观必定会代代相传下去。

文化的传承性使文化变得可积累。在没有文字的社会，人们通过口头形式把自己的经验、知识、信仰、观念传承给下一代。后来则主要通过文字形式相传下去。由于文化具有传承性，任何文化都包含历史的积淀。例如，在春节，中国会挂红灯笼，这是中华民族数千年来传统文化延续的表现。

二、中西方文化的渊源

（一）中国文化的渊源

中国文化发祥于黄河流域。中华民族享受着大自然的恩赐，人们可以在其固定居住地附近从事相关的农耕活动，因此我国在历史的不断变迁中最终形成了以农耕为特色的文化风俗体系。中国农耕文化集合了儒家文化和其他宗教文化，有独特的文化内容和特点，主要包括语言艺术、思想哲学、社会风俗等。

儒家、佛家、道家对中国文化的形成与发展产生了巨大影响，是中国文化的主要渊源。

总的来说，中国文化在发展中形成了独具特色的价值观，表现为以"仁爱、礼谦、顺从"为核心的道德价值体系，其特点如下：

（1）天人合一，顺天应物。中国文化提倡人与自然是和谐存在的一个整体，且自然界中存在的很多不能解释的现象均是天意，人凡事都应顺从天意。

（2）贵和尚中。中国人倡导"君子和而不同"的理念，追求中庸之道的处世原则和策略。

（3）家族伦理本位。中国人的家族意识很强，维护整个家族的利益是每个家族个体应追求的目标，同时家族个体也应受制于家族制度和规约。

在中国，人们特别看重言论的力量，提倡在交际中运用含蓄、隐讳的表达方式，这也是中国文化的一大特色。此外，人们还特别关注权威人士的言论与看法，经常引经据典、旁征博引。

(二)西方文化的渊源

西方文化属于科学文化,其特点是"重物质,轻人伦",价值取向以功利为本位,重分析,轻综合,重概念,忌笼统,强调人权,主张个人至上,重视特殊的辨识。

西方文化源于希伯来文化与古希腊罗马文化,同时基督教文化也对西方人的道德观念和价值取向产生了较大影响。

1. 希伯来文化

在公元前3000多年,希伯来人居住在阿拉伯半岛,人们以牧牛和羊为生。随后,希伯来人北迁,到达两河流域,并逐渐发展了苏美尔文化和古巴比伦文化。大概过了1000年,希伯来人逐渐离开了两河流域,向北或向西迁移和发展。"希伯来"的字面意思是"从大河那边来的人"。希伯来人在长期的游牧生活中形成了较强的感知世界的能力。他们善于将事物与其功能联系在一起,所以可以将希伯来文化用"实用、公正、道德"来概括。

2. 古希腊罗马文化

欧洲大陆的文化起源于古希腊罗马时期。古希腊位于欧洲大陆的东南部,古罗马位于欧洲大陆的南部,平原较少,多山少河,不适合农业的发展,当地人不得不向外开拓经济,发展工商业和海上贸易。在古代,海上贸易面临的最大的一个难题就是安全,人们不得不冒很大的风险从事贸易活动,这种不利的地理因素造就了西方人勇于探险、喜欢尝试新鲜事物、善于创新的性格特点。可以说,古希腊人的这种以海商为主的生存方式使他们形成了平等、民主和崇尚个人主义的思想意识。古希腊文学、哲学、艺术等都表现了古希腊人对宇宙、自然与人生的理解与思考。随着希腊文明的逐渐衰落,罗马文化在继承希腊文明的基础上得以发展。

第二节　全球化语境下跨文化交际与翻译

一、跨文化交际的定义

目前，人们普遍认同的定义是，跨文化交际是具有不同文化背景的人通过语言、信号、文字方式进行的思想、信息交流。它通常指的是具有不同语言文化背景的不同民族成员之间的交往活动，也指同一语言的不同民族成员之间的交际。有人认为它是一切语言文化背景有差异的人们之间的交际。简单地说，跨文化交际就是具有不同文化背景的人们之间的交际。

由于每一个人的文化和社会背景、生活方式、受教育状况、宗教信仰、性别、年龄、政治信念、经济状况以及爱好、交友条件、性格等方面都存在或多或少的差异，因此在交际过程中说话人与听话人对信息的理解很难达到百分之百的一致。不同的民族所处的生态、物质、社会及宗教等环境均有所不同，因此生长在不同语言环境下的人们就会产生不同的语言习惯、社会文化、风土人情等。不同的文化背景造就了人们不同的说话方式或语言习惯。从这个意义上讲，任何人之间的交际都是跨文化交际，差异仅是程度上的，而非本质的。在跨文化交际中，交际双方的文化背景可能大致相似，更可能相去甚远。文化距离可能是国际、民族、政治制度等的差异，也可能是社会阶层、地区、教育背景、性别、年龄、职业、爱好或兴趣等的差异。

二、翻译与跨文化交际

（一）翻译的跨文化交际属性

语言交际在不同文化中均是以自身默契来编码和解码的，而中西方跨文化交际是要从不同角度去理解中西方社会的不同人生观、价值观、世界观，以建立跨文化的中西方共识，以促进中西方文化之间的沟通，追求新文化、新价值标准为中介,并使交际双方彼此都接受,以避免不同文化之间的冲突,从而实现成功的跨文化交际。

不同文化之间的交流、不同思想之间的碰撞均离不开语言。从本质上说,翻译是在一定社会语境下发生的交际过程,是一项跨语言、跨文化的交流活动。翻译主要涉及两种语言,即将一种语言以最近似、最等值的形式转换成另外一种语言的人类社会实践活动,是一种将语言文字、语言知识、文化修养结合起来的综合性艺术,这也是它的跨语言性。因此,翻译是一种语言社会实践活动,既具有跨文化性,又具有交际性。

如今,文化研究在全世界都是一个热门话题,从文化的视角尤其是跨文化视角来研究翻译也渐渐成为一种潮流,文化因素在翻译中的作用越来越受到重视。近20年来,翻译研究主要有两种倾向:一是翻译理论被深深地烙上了交际理论的印记;二是翻译从注重语言的转换逐渐转向了注重文化的传达。以上两种倾向的结合就将翻译看作一种跨文化交际行为。

(二)跨文化交际与翻译研究及实践

吕俊指出,翻译的本质是传播,它是一种跨文化的信息交流与交换活动。随着跨文化交际学的出现,有学者提出,翻译即一种跨语言、跨文化的交际活动。译者除了要掌握基本的语言知识和相应的语言技能,还要深入、灵活、有效且具体地传达原文的思想,应了解源语与目的语的文化。只有具备了一定的跨文化交际能力,译者才可能使译文达到"最近似的自然等值"或者完成相类似的文化功能。

不同民族文化在对社会现象的观察上存在一定差异,这种差异是影响交际顺利进行的主要障碍。在跨文化交际过程中,交际各方不仅要非常熟悉本族的语言、文化,还要充分了解对方的语言、文化。只有这样,才能保证交际顺利进行。

事实上,造成跨文化交际的最大的一个障碍就是文化差异。因此,为了达到跨文化交际的目的,译者就要淡化自己的文化。

翻译是一种跨文化交际活动,它的主要任务是将一种语言的文化内涵转换到另一种语言中去。译文是否忠实于原文主要取决于译者对两种语言及其所表达的文化内涵的细微差别的掌握情况。

跨文化交际学为从跨文化角度审视特定文本所处的语境和语言特征提供了科学的方法。跨文化交际的理论与研究方法为文本、语篇的生成与传播的宏观语境和微观语境、文化氛围的客观认知，对信息接收者的整体特点与具体个性的确切了解，精确翻译文本、语篇中"符码"所蕴含的文化信息，以及确定翻译标准的适度性、翻译技巧选用的测量性、保证翻译的合理性、翻译质量的优质性、翻译传播效果的实效性提供了定性或定量的依据。

从国内的研究成果来看，有些学者注重讨论西方人的思维模式、价值取向、道德规范、社会习俗、交往和生活方式等；有些学者注重从这些方面对中西方语言文化进行对比研究；有些学者从语言的功能，文字的音、形、义以及文化效应的角度对英语和汉语进行更深层次的比较；有的学者从社会交际、日常交往及其语言表达方式等方面对英语和汉语的运用进行比较；有的学者从翻译学的视角出发，研究英语和汉语互译中如何使用译入语恰当、准确地表达源语的语义以及其中蕴含的文化问题，注重对翻译方法和翻译技巧的讨论。总之，这些学者的观点和研究均为丰富和发展跨文化交际学理论做出了较大贡献。

第三节 全球化语境下英汉文化差异对比

一、英汉文化对比研究的具体阶段

英汉文化的交流开始于西汉开辟的丝绸之路，但是从真正意义上而言，我国对英汉文化进行对比研究是在鸦片战争之后，国人开始思考不同民族文化的相关内容。同时，政治、经济的变革也对文化研究的兴起起了推动和促进作用。

事实上，可以对最近40多年的英汉文化对比研究做进一步的划分。

二、英汉文化对比研究的范畴

事实上,英汉文化对比研究是在语言对比研究的基础上发展而来的,和英汉语言对比研究在很多层面具有相似性,并逐步建立起一门新的独立学科——英汉对比文化学。就研究的范畴来看,英汉文化对比研究具体涉及以下几个方面。

三、英汉文化对比研究的方法

通常,在对英汉文化进行对比研究时,既可以采用历时研究法,又可以采用共时研究法,并且两种研究方法都得到了广泛的应用。然而,在进行具体研究时应根据具体情况加以选择,或者在必要时将两种方法有机地结合起来。例如,在文化对比研究的高级阶段,可开设文化史、文学史和语言学史等课程,采取历时研究法的方法。值得注意的是,英汉文化对比研究是由点到面、一步步地进入全面系统的研究,即从点到面逐步实现系统化。

四、英汉时空观念差异

(一)时间观念差异

1. 英语文化下的"将来时间取向"

英语文化下人们的时间观念呈现出明显的"将来时间取向"。例如,美国作为一个移民国家,仅有200多年的历史,这对其他历史悠久的文明古国来说很短。最早到达美洲大陆的那批移民来自欧洲,他们为美洲大陆带来了新鲜的血液,逐渐开发了整个美洲大陆,在这期间他们也形成了自己的文化,这种文化在欧洲文化的基础上改良而来,源于欧洲文化,但又同欧洲的传统文化不同。美国人在个性方面体现出追求个体独立、讲求个人奋斗、追求实利和物质享受等特点。在他们看来,时间失而不可复得,因此他们都不太留恋过去,而是更多地关注现实生活,抓紧每时每刻享受生活。在美国人眼中,时间是有限的,这就使他们具有了较强的时间观念,"Time and tide wait for no man."(时不我待。)是其潜在的意识。这种强烈的时间观念使西方人把更多的注意力放在了未来事情的规划和实现上,他们相信"A future is always anticipated to be bigger and larger."(未来总是美好的。)

2.汉语文化下的"过去时间取向"

与英语文化下明显的"将来时间取向"正好相反,汉语文化下的人们呈现出明显的"过去时间取向"。

中国具有灿烂的历史文化,中国人以此为傲,因此十分看重历史。例如,华夏族的祖先尧、舜、禹等都被历代帝王敬重;人们习惯用圣人之训、先王之道来评价个人或者事情,如"前所未有""前无古人,后无来者""后继有人"等说法。

中国人聪明且智慧,善于观察,受昼夜更迭、四季交替等现象的影响,逐渐形成了一种环式时间观。环式时间观容易给人一种时间的富裕感,因此人们做事情总是不紧不慢,认为还有时间。所谓"失之东隅,收之桑榆",中国人认为失去的东西还能有时间补回来,这就使人们渐渐形成了"过去时间取向"。时至今日,随着社会的发展,虽然中国人不再过分关注过去,而是更多地关注未来,但是不可否认的是,过去仍然存在于中国人的心中,并或多或少地影响着中国人的生活。

(二)空间观念差异

空间观念指的是人们在长期生活实践中逐渐形成的、有关交际各方的交往距离和空间取向的约定俗成的规约以及人们在社会交往中的领地意识。英汉文化在空间观念上的差异具体体现在领地意识、交往距离和空间取向等方面。

1.英汉领地意识差异

根据霍尔的观点,领地意识是一个专业术语,用于描述所有生物对自己领土属地或势力范围的占有、使用和保护行为。领地又可以进一步分为个人领地和公共领地。个人领地是指个人独处和生活的范围,如住房、卧室等。公共领地是指家庭成员或社会成员共同拥有的场所、设施等。英汉文化在领地意识方面的差异主要体现在以下几个方面：

（1）领地标识方面的差异

在领地标识方面，英汉文化也呈现出明显的差异。中国人口稠密，而且个人空间比较少，因此中国人习惯用有形的物品明确地将领地与公共空间隔离开。

（2）领地占有欲方面的差异

相比较而言，英语文化下的人们的领地占有欲更强烈，其领地概念甚至延伸到对个人物品的独占。例如，在工作单位或公共场合，人们都时刻明确划分和维护自己的领地范围，即使是在自己的家里，也不允许他人随意进入自己的房间。同时，他们还十分注重自己隐私的保护，不愿意别人打探自己的隐私，即便是和自己关系亲密的人。汉语文化下的人们受聚拢型文化的影响，更愿意和别人分享。

2. 英汉交往距离差异

交往距离又称为"近体距离"，指的是交往中交际各方彼此之间的间隔距离，包括人情距离、社会距离和公众距离。英汉文化下的人们的交往距离也存在一些差异。

英语文化下的人们常年生活在地广人稀的环境中，习惯于宽松的生活环境，因此他们很惧怕拥挤，在与人交往中也总是将自身范围扩展到身体以外，与他人保持一定的体距。通常情况下，南美洲、非洲、东欧、中欧等地区的近体度较小，而美国、英国、德国、澳大利亚、日本等国家的近体度较大。例如，在与对方进行交谈时，英国人习惯于保留一个很大的身体缓冲带。在公共场合，德国人总是自觉地依次排队。

3. 英汉空间取向差异

空间取向指的是交际各方在交往中所处的空间位置、朝向等。空间取向最常涉及的就是座位安排问题。下面主要对英汉文化在就餐和会议座位安排两方面的差异进行具体分析。

（1）就餐座位安排

英汉文化下就餐座位安排的不同之处在于，英语文化下安排餐桌座位通常以右为上、左为下，汉语文化下安排餐桌座位以面南（或朝向房门）为上、面北（或背向房门）为下。如有夫人出席时，英语文化下的人们以女主人为主，让主宾坐在女主人右上方，主宾的夫人坐在男主人的右上方，主人或晚辈坐在下方。

（2）会议座位安排

在会议座位安排方面，在商务谈判和会议等正式场合中，英汉文化下的就座安排基本相同，都是右为上和面向房门为上。但在非正式场合中，西方人总是彼此呈直角或面对面就座，前者往往是谈私事或聊天，而后者则态度较为严肃、庄重。如果同坐一侧，就表明两人关系十分密切，通常是夫妻、恋人或密友。而中国人在谈私事、闲聊时，无论彼此关系是否达到亲密的程度，都喜欢肩并肩并排就座。

第四章 全球化语境下跨文化交际与英汉翻译

第一节 全球化语境下文化差异对翻译的影响

翻译不仅是一种语言之间的转换活动，更是一种文化之间的信息交流活动。从某种程度上来看，译者对英汉文化差异的正确解读对翻译的成败起着至关重要的作用。概括来说，文化差异对翻译的影响主要体现在以下两个方面。

一、文化误译

文化误译是由文化误读引起的，是指在本土文化的影响下，习惯性地按自己熟悉的文化理解其他文化。文化误译是中国学生在英汉翻译中经常出现的问题。

【例1】It was a Friday morning; the landlady was cleaning the stairs.

误译：那是一个周五的早晨，女地主正在扫楼梯。

正译：那是一个周五的早晨，女房东正在扫楼梯。

英语文化下的人们有将自己的空房间租给他人的习惯，并且会提供打扫卫生的服务。房屋的男主人被称为 landlord，房屋的女主人被称为 landlady。所以，该例中的 landlady 应译为"女房东"，而不是"女地主"。

【例2】"You're a chicken！" he cried, looking at Tom with contempt.

误译：他不屑地看着汤姆，喊道："你是个小鸡！"

正译：他不屑地看着汤姆，喊道："你是个胆小鬼！"

大多数中国学生都会将 chicken 译为"小鸡"，这是因为汉语中只有"胆小如鼠"一说，并无"胆小如鸡"的概念。事实上，英语中的chicken除本义外，还可用来喻指"胆小怕事的人""胆小鬼"，故"You're a chicken！"的正确译文是"你是个胆小鬼"。

【例3】John can be relied on; he eats no fish and plays the game.

误译：约翰为人可靠，一向不吃鱼，常玩游戏。

正译：约翰为人可靠，既忠诚又守规矩。

该例中的eats no fish与plays the game的字面意思为"不吃鱼""经常玩游戏"，但在这句话中显然是讲不通的。实际上，这两个短语都有其特定的含义。英国女王伊丽莎白一世规定了英国国教的教义和仪式，部分支持此举的教徒便不再遵循罗马天主教周五必定吃鱼的规定，于是"不吃鱼"（eat no fish）的教徒就被认为是"忠诚的人"。而玩游戏的时候总是需要遵守一定的规则，因此play the game也意味着必须守规矩（follow principles）。不了解这些文化背景，想要正确地翻译是不可能的。

可见，在英汉翻译时应根据具体语境，并结合文化背景，准确地理解原文的含义，然后选择恰当的翻译技巧进行翻译，切忌望文生义。

二、翻译空缺

翻译空缺是指任何语言间或语言内的交际都不可能完全准确、对等。更何况英语、汉语分属不同的语系，翻译的空缺现象在英汉语言交际中表现得尤为明显，给翻译的顺利进行带来了障碍。英汉翻译中常见的空缺有词汇空缺和语义空缺两大类。

（一）词汇空缺

尽管不同语言之间存在一定的共性，但也存在各自的特性。这些特性渗透到词汇上，就会造成不同语言之间概念表达的不对应。这和译者所处的地理位置、自然环境，所习惯的生活方式、社会生活等相关。

有些词汇空缺是因生活环境的不同而产生的。例如，中国是农业大国，大米是中国南方主要的粮食，因此汉语对不同生长阶段的大米有不同的称呼，如长在田里的叫"水稻",脱粒的叫"大米",煮熟的叫"米饭"。而在英语文化下,不论是"水稻""大米"还是"米饭"都叫 rice。

语言是不断变化发展的,随着社会的发展、科技的进步,新词汇层出不穷。例如,1957 年 10 月第一颗人造地球卫星发射成功后就出现了 Sputnik 一词,而该词随即在世界各国的语言中出现了词汇空缺。再如,1967 年 7 月,当美国宇航员登上月球后,英语中首次出现了 mooncraft(月球飞船)、moon bounce(月球弹跳)、lunar soil(月壤)、lunar dust(月尘)等词,这也一度成为各国语言的词汇空缺。

因此,在英汉翻译中要特别注重词汇空缺现象,要认真揣摩由词汇空缺带来的文化冲突,采用灵活的翻译方法化解矛盾,翻译出优秀的文章。

(二)语义空缺

语义空缺是指不同语言中表达同一概念的词语虽然看起来字面含义相同,但实际上存在不同的文化内涵。以英汉两种语言中的色彩词为例,它们在大多数情况下都具有相同的意思,但在某些场合,表达相同颜色的英汉色彩词却被赋予了不同含义。例如:

black and blue 青一块,紫一块

brown bread 黑面包

green-eyed 眼红

black tea 红茶

brown sugar 红糖

turn purple with rage 气得脸色发青

因此,在英汉翻译中要注意语义空缺现象,遇到空缺时尽量寻求深层语义的对应,而不是词语表面的对应。

需要说明的是,语义空缺还表现在语义涵盖面的不重合,即在不同的语言中,表达同一概念的词语可能因为语言发出者、语言场合等的不同而产生不同的含义。例如,英语中 flower 除了做名词表示"花朵"以外,还可以做动词表示"开花""用花装饰""旺盛"等含义,而这种用法是汉语中的"花"所没

有的。相应地，汉语中的"花"做动词时常表示"花钱""花费"等含义，这也是英语中的flower所没有的。可见，虽然英语中的flower和汉语中的"花"表达的基本语义相同，但在具体使用中，两者差别极大。因此，应注意词语在语言交际中产生的实际语义，从而在翻译时实现语义空缺的弥合。

第二节　全球化语境下文化翻译的原则与策略

一、文化翻译的原则

很多人都误认为翻译是一种纯粹的实践活动，根本不需要遵循任何原则，并提出了"译学无成规"的说法。还有不少人认为，"翻译是一门科学，有其理论原则"。金缇和奈达在他们合编的《论翻译》（*On Translation*）中指出，实际上每一个人的翻译实践都有一些原则指导，区别在于自觉与不自觉，在于那些原则是否符合客观规律。

翻译原则是翻译实践的科学依据，是一种客观存在。历史上大量的翻译实践也证明，合理地使用翻译原则指导翻译实践活动将会收到事半功倍的效果。

基于文化差异下的翻译活动也必须遵循一定的原则。

奈达在《语言文化与翻译》中提出，翻译中的文化因素应该受到更多的重视，他进一步发展了"功能对等"理论。当奈达把文化看作一个符号系统的时候，文化在翻译中获得了与语言相当的地位。翻译不仅是语言的，更是文化的。因为翻译是随着文化之间的交流而产生和发展的，其任务就是把一种民族的文化传播到另一种民族的文化中去。因此，翻译是两种文化之间交流的桥梁。据此，有学者从跨文化的角度把翻译原则归结为"文化再现"（culture reappearance），包括如下两个方面。

（一）再现源语文化的特色

【例】贾芸对卜世仁说："巧媳妇做不出没有米的粥，叫我怎么办呢？"（曹

雪芹《红楼梦》）

译文1：Even the cleverest housewife can't cook a meal without rice. What do you expect me to do？（杨宪益、戴乃迭译）

译文2：…And I don't see what I am supposed to do without any capital. Even the cleverest housewife can't make bread without flour.（霍克斯译）

该例中，"巧媳妇做不出没有米的粥"就是我们的俗语"巧妇难为无米之炊"，意思是即使聪明能干的人，如果做事缺少必要条件，也是难以办成的。译文1中，译者保存了原作中"米"的文化概念，再现了源语的民族文化特色，符合作品的社会文化背景。译文2中，"没米的粥"译成没有面粉的面包（bread without flour），译者的出发点是考虑到西方人的传统食物是以面包为主，故将"米"转译成"面粉"（flour），有利于西方读者接受和理解，虽然西式面包与整个作品中表达的中国传统文化氛围不协调，但是在一定程度上损害了原作的民族文化特色，可是译文却能够传达原文的文化内涵：即使聪明能干的人，如果做事缺少必要条件，也是难以办成的。这也提高了译文的可接受性，是值得提倡的。

（二）再现源语文化的信息

【例1】It was Friday and soon they'd go out and get drunk.

[译文]星期五到了，他们马上就会出去喝得酩酊大醉。

尽管该译文看上去与原文对应，但读者看到后肯定会感到不知所云，为什么星期五到了，人们就会出去买醉呢？很显然这句话承载着深层的文化信息：在英国，周五是发薪水的固定日期，所以到了这一天，人们领完工资之后就会出去大喝一顿。译者在翻译时不妨将周五具体化，加上其蕴含的文化信息，可把这句话译为"星期五发薪日子到了，他们马上就会出去喝得酩酊大醉"。如此一来，使Friday一词在特定的语境中所承载的文化信息得以完整地传递。

二、文化翻译的策略

在跨文化翻译过程中，干扰翻译的因素有很多，这就需要译者灵活地处理，运用恰当的翻译策略。

（一）归化策略

归化策略是指以译语文化为归宿的翻译策略。归化策略始终恪守本民族文化的语言习惯传统，回归本民族语言地道的表达方式，要求译者向目的语读者靠拢，采取目的语读者所习惯的表达方式来传达原文的内容，即使用一种自然、流畅的本民族语表达方式来展现译语的风格、特点。归化策略的优点在于可以使译文读起来比较地道和生动。例如，as poor as a church mouse 译为"穷得如叫花子"，而不是"穷得像教堂里的耗子"。

另外，对于一些蕴含着丰富的民族文化信息和悠久文化传统的成语与典故，也可采用归化翻译策略。例如：

Where there is a will, there is a way.　有志者，事竟成。

Make hay while the sun shines.　趁热打铁。

There is no smoke without fire.　无风不起浪。

To seek a hare in hen's nest.　缘木求鱼。

Fools rush in where angels fear to tread.　初生牛犊不怕虎。

One boy is a boy, two boys half a boy, three boys no boy.　一个和尚挑水吃，两个和尚抬水吃，三个和尚没水吃。

当然，归化翻译策略也存在着一定的缺陷，即它滤掉了原文的语言形式，只留下了原文的意思。这样译语读者就很有可能漏掉一些有价值的东西。如果每次遇到文化因素的翻译，译者都只在译语中寻找熟悉的表达方式，那么译文读者将不会了解源语文化中那些新鲜的、不同于自己文化的东西。长此以往，不同文化之间就很难相互了解和沟通。

以霍克斯对《红楼梦》的翻译为例，从其译文中可以感受到好像故事发生在英语国家一样，具有很强的可读性，且促进了《红楼梦》在英语国家的传播，但其也改变了《红楼梦》里丰富的中国传统文化内涵。

（二）异化策略

异化是相对于"归化"而言的，是指在翻译时迁就外来文化的语言特点，吸纳外来语言的表达方式，要求译者向作者靠拢，采取相应于作者所使用的源语表达方式来传达原文的内容。简单地说，异化即保存原文的"原汁原味"。异化策略的优势是，它为译语文化注入了新鲜的血液，丰富了译语的表达，也利于增长译文读者的见识，促进各国文化之间的交流。

【例】As the last straw breaks the laden camel's back, this piece of underground information crushed the sinking spirits of Mr. Dombey.

[译文] 正如压垮负重骆驼脊梁的一根稻草，这则秘密的信息把董贝先生低沉的情绪压到了最低点。

将原文中的习语 the last straw breaks the laden camel's back 照直译出，不仅可以使汉语读者完全理解，还能了解英语中原来还有这样的表达方式。

（三）归化与异化相结合策略

作为跨文化翻译的两个重要策略，归化与异化同直译与意译一样，属于"二元对立"的关系，两者有各自适用的范围和存在的理由，然而没有任何一个文本能够只用归化策略或者异化策略就能翻译，因此只强调任意一种是不完善的，只有将归化和异化并用，才能更好地翻译。归化与异化相结合策略有利于中国文化的传播。随着中国在经济与政治上的强大和全球一体化的深入，世界文化交流日益加强，中西文化的强弱被渐渐地淡化。翻译家越来越尊重源语的文化传统，采用"异化"翻译，尽可能地保留源语文化意象。例如，北京奥运会吉祥物"福娃"的国际译名，经过多方的商议，最终由 Friendlies 更改为 Fuwa。

（四）文化调停策略

文化调停策略是指省去部分或全部文化因素不译，直接译出原文的深层含义。文化调停策略的优势是，译文通俗易懂，可读性强。当然，文化调停策略也存在一定的缺陷，即不能保留文化意象，不利于文化的沟通和交流。

第三节　全球化语境下英汉翻译的基本技巧

英汉翻译技巧是英汉翻译研究的一个重要内容，但目前还没有哪个技巧是完全行之有效的。本节仅介绍目前较常见的英汉翻译技巧，以期为英汉翻译者的翻译活动提供些许参考。具体采用哪种技巧，还需要根据具体情况而定。

一、词汇的翻译技巧

（一）词类转换法

所谓词类转换法，是指翻译时在保持原文内容不变的前提下，改变原文中某些词的词类，以使译文通顺自然，合乎译入语的表达习惯。常见的词类转换方式有转译成动词、转译成名词、转译成形容词。

1. 转译成动词

（1）名词转译成动词。

【例1】The sight of the boy reminds me of his passed father.

[译文]看到那个男孩，使我想起了他已故的父亲。

原句中的名词 sight 被译为动词"看到"。

【例2】International trade is the exchange of goods and services produced in one country for goods and services produced in another.

[译文]国际贸易就是将一个国家生产的商品和提供的服务与另一个国家生产的商品和提供的服务进行交换。

原句中的名词 exchange 被转译为"交换"。

【例3】Talking with his young neighbor, the old man was the forgiver of the young man's past wrong doings.

[译文]在和年轻的邻居谈话时，老人宽恕了年轻人过去的过失。

在各个行业中，没有一种职业是原谅。因此，这里的 forgiver 被译为"宽恕"，十分贴切。

（2）形容词转译成动词。

【例】To my great surprise, I became aware of a surfer off the shore, patiently padding his board while he is waiting for a perfect wave.

[译文]令我吃惊的是，我看见一个冲浪者离岸很远，耐心地踏着滑板，等待一个最理想的浪头。

原句中的形容词 aware 被译为"看见"。

（3）副词转译成动词。

【例】Families upstairs have to carry pails to the hydrant downstairs for water.

[译文]住在楼上的人家得提着水桶去楼下的水龙头打水。

原句中的 upstairs 和 downstairs 被分别译为"住在楼上"和"去楼下"。

（4）介词转译成动词。

【例】This is the key to the window. Open the window to escape in case of fire.

[译文]这是打开窗户上锁头的钥匙。如果遇到火灾，打开窗户逃走。

原句中的介词 to 和 in case of 被巧妙地翻译成汉语的动词"打开"和"遇到"。

2. 转译成名词

可以将原文中的词类转译成译文中的名词的情况主要有下面几种。

（1）英语中含有很多由名词派生出来的动词及名词转用动词，当其在汉语中很难找到对应的动词时，就可以将其转译成汉语名词。

【例】To them, he personified the absolute power.

[译文]在他们看来，他就是绝对权威的化身。

原句中的 personified 是由名词派生而来的动词，所以译文可以仍保留其名词意义，即"象征"。

（2）一些英语被动句中的动词可以译为"受(遭)到……+名词""予(加)……+名词"结构。

【例】Satellites must be closely watched, for they are constantly being tugged by the gravitational attraction of the sun, moon and earth.

[译文]由于经常受太阳、月亮和地球引力的影响,所以卫星活动必须予以严密的监控。

原句中的 be closely watched 被译为"予以严密的监控"。

（3）英语中一些形容词在特定的上下文中,一般可译为名词,一些形容词加定冠词可以表示某个种类,也可译为汉语中的名词。

【例1】They did their best to help the poor and the sick.

[译文]他们尽了最大的努力帮助穷人和病人。

原文中的 the poor and the sick 被译为名词"穷人和病人"。

【例2】Tom was eloquent and elegant——but soft.

[译文]汤姆有口才、有风度,但很软弱。

原句中的两个形容词 eloquent 和 elegant 被分别译为名词"口才"和"风度"。

3. 转译成形容词

英语中由形容词派生的名词可以转译成形容词。

【例1】The spokesman admitted the feasibility of the American proposals.

[译文]发言人承认,美国的建议是可取的。

原句中的名词 feasibility 被译为形容词"可取的"。

【例2】She is a stranger to the operation of the helicopter.

[译文]她对直升机的操作很陌生。

原句中的名词 stranger 被译为形容词"陌生"。

（二）增词法与减词法

1. 增词法

所谓增词法,是指在原文的基础上增加必要的词、词组、分句或完整的句子,以使译文在语义、语法、语言形式上符合译文习惯,在文化背景、词语连贯上与原文一致,使文字更加清楚。通常,增词可用于下面几种情况。

（1）因语法需要而增词。

【例1】Flowers and trees are all over the school campus.

[译文]朵朵鲜花、棵棵树木长满了校园。

译文中的"朵朵""棵棵"表示复数概念，这里是根据语法需要而增加的词。

【例2】Look before you leap.

[译文]三思而后行。

这里的"三思"表示经过多次思考后，再做决定。

【例3】The professor had taught the girl to write paper and the girl loved her.

[译文]原来教授教会了女孩写论文，所以女孩喜欢她。

译文中增加了表示过去的时间状语"原来"。

【例4】Their host carved, poured, served, cut bread, talked, laughed, proposed health.

[译文]主人又是雕刻造型啊，又是倒酒啊，又是上菜啊，又是切面包啊，说啊，笑啊，敬酒啊，忙个不停。

译文中增加了多个"啊"字，表示主人热情好客、忙个不停的场景。

【例5】Apart from a brief interlude of peace, the war lasted nine years.

[译文]除了一段短暂的和平，那场战争持续了九年。

译文中增加了量词"段"。

【例6】The Americans and the Russians have undergone a series of secret consultations.

[译文]美俄双方已进行了一系列的秘密磋商。

译文中增加了"双方"一词，使语言更加流畅，更符合汉语的表达习惯。

【例7】There are tears for his love; joy for his fortune; honor for his valor; death for his ambition.

[译文]用眼泪回报他的爱；用欢乐庆贺他的幸运；用荣誉赞美他的勇猛；用死亡遏制他的野心。

该例的原文均省略了there is（are），而译者为了使句子意思更加完整，语言更加通顺，增加了"用"这一谓语动词。

（2）为意义表达清晰而增词。

【例1】He was about to become, for lack of anyone or anything better, a very influential intellectual——the wrong man at a wrong place with the wrong idea.

[译文]因为找不到比他更好的人，也没有更好的办法，于是他就要成为

一个很有影响的知识分子了,这真是在错误的地方任用错误的人去实行错误的主张。

原文名词词组 the wrong man at a wrong place with the wrong idea 之前增加了动词"在""任用"和"实行",使整个句子更连贯。

【例2】The sky is clear blue now; the sun has flung diamonds down on the meadow and the bank and the woods.

[译文] 此时已是万里蓝天,太阳把颗颗光彩夺目的钻石洒向草原,洒向河岸,洒向树林。

译文中增加了形容词"光彩夺目的",用来修饰钻石。

【例3】She is not born for wifing and mothering.

[译文] 她这个人天生不是做贤妻良母的料。

译文中增加了名词"料"。

【例4】His wife thinks that this furniture is too expensive and, moreover looks very ugly.

[译文] 他妻子认为,这件家具价格昂贵而且外表难看。

译文中增加了名词"价格"。

【例5】Both sides are willing to hold face-to-face talks in order to ease tension.

[译文] 双方都愿意举行面对面的会谈以缓和紧张局势。

译文中抽象名词"紧张"之后增加了名词"局势",使整句译文读起来更加顺畅。

2. 减词法

所谓减词法,是指将原文中需要而译文中不需要的词去掉。减词法一般可以用于以下几种情况。

(1)因语法需要而减词。

【例1】We live and learn.

[译文]……活到老,学到老。

译文中用省略号指人称代词 We。

【例2】He put his hands into his pockets and then shrugged his shoulders.

[译文]他把……双手放在……口袋里,然后耸了耸……肩。

译文中用三个省略号表示三次省略了代词 his。

【例3】Early to bed and early to rise is the way to be healthy and wise.

[译文]早睡早起使人健康聪明。

译文中两次省略并列连词 and。

【例4】We knew spring was coming as we had seen a robin.

[译文]我们看见了一只知更鸟,知晓春天快要到了。

译文中省略表示原因的连接词 as。

【例5】If winter comes, can spring be far behind?

[译文]冬天来了,春天还会远吗?

译文中省略了表示条件的连接词 If。

【例6】Change one's mind the moment when one sees the new.

[译文]见异思迁。

译文中省略了表示时间的连接词 when。

【例7】He left without saying a word.

[译文]他一句话都没说就走了。

当不定冠词表示数量"一"时,译文不可以省略。

(2)因修辞需要而减词。

【例1】Temperatures range from 50℃ in the daytime to-10℃ at night and often it does not rain for a whole year or longer.

[译文]昼夜温差很大,白天最高气温高达50℃,夜晚最低则低至零下10℃,而且常常一年到头不下雨。

在本例中,for a whole year or long 直接译为"一年到头"即可。

【例2】此时,鲁小姐卸了浓妆,换了几件雅淡衣服,蘧公孙举眼细看,真有沉鱼落雁之容,闭月羞花之貌。

[译文]By this time Miss Lu had changed out of her ceremonial dress into an ordinary gown, and then Zhu looked at her closely, he saw that her beauty would put the flowers to shame.

该例中的"沉鱼落雁之容,闭月羞花之貌"对仗工整,结构匀称,读起来音韵之美十足,所以译文为了保留其原来的语言特征,将其译为 her beauty would put the flowers to shame,而对"沉鱼""落雁""闭月"省略不译。

【例3】他的家里很穷,但是他从小就认真读书,刻苦学习。

[译文]His family was very poor, but he worked hard at his studies even in early childhood.

该例中的"认真读书"和"刻苦学习"指的是同一个意思,所以没必要一一译出。

(三)音译法

将原文的发音直接转换成译入语里相同或相近的语音,这种方法称为"音译法"。音译法多用于下列词语的翻译。

(1)翻译专有名词。例如:

Britain 不列颠

Diana 黛安娜

William 威廉

(2)翻译外来商品。例如:

Coca-cola 可口可乐

Giant 捷安特

Sprite 雪碧

(3)翻译新词。例如:

Beatles 披头士(甲壳虫)

club 俱乐部

humor 幽默

morphine 吗啡

Simmons 席梦思

二、语篇的翻译技巧

（一）段内衔接

由于英语、汉语之间的差异性，所以译者不能对原文段落中的句子进行死译，这样会造成文章的逻辑线索或脉络混乱、不清晰，译文有如断线残珠，四下散落。

每一个连贯的语篇都有其内在的逻辑结构。因此，译者在翻译时也需要对语篇脉络进行分析，将语篇中的概念进行连接整合，进而使译文能够逻辑清晰、顺序明确。

在具体的语篇翻译过程中，译者可以选择不同的技巧处理其内部的衔接与整合。

1. 替代与重复译法

英语段落一般依靠词语的替代来进行句子与句子之间的呼应，即使用代词、同义词、近义词以及代替句型等来替换前文出现过的词语；而在汉语中，句与句之间的呼应往往用重复的词语来完成。因此，在英译汉时，译者应对原文中替代的部分采用重复的手法进行翻译，即通过重复实现译文的段内衔接。

【例】Wrought iron is almost pure iron. It is not frequently found in the school shop because of its high cost. It forges well, can easily be bent hot or cold, and can be welded.

[译文]熟铁几乎就是纯铁。熟铁在校办工厂里不太常见，因为价格很贵。熟铁好锻，很容易热弯和冷弯，还能够焊接。

在该例的原文中，代词 It 替代了 Wrought iron，实现了句子之间的衔接。在译文中，译者通过重复的手法进行句子之间的衔接，即重复使用"熟铁"这一词语。

2. 连接性词语或词组的译法

在对篇章结构进行梳理的过程中，译者通常会发现很多连接性词语或词组。对具有连接作用的词语或词组进行分析可以更好地理顺文章脉络，因此掌握这些词语或词组的译法非常有必要。

英语中包含大量的连接性词语或词组。

（1）表示举例或特指的 for example、for instance、in particular、specially 等。

（2）表示转折的 but、however、nevertheless 等。

（3）表示频率的 often、frequently、day after day 等。

（4）表示方向的 forwards、backwards、in front of、behind 等。

通过这些连接性词语或词组的使用实现段内或段落之间的衔接与连贯。对于这些词语或词组的译法没有统一的标准，有时会出现一词多译的现象，翻译时译者要根据上下文以及译入语的表达习惯进行灵活翻译。

3. 省略部分的译法

省略现象在英汉两种语言中都很常见。通常情况下，英语按语法形式进行省略，如省略名词、动词、表语、主谓一致时的主语或谓语等。汉语则往往按上下文的意义进行省略，包括省略主语、谓语、动词、关联词、中心语和领属词等。

相对于英语而言，汉语的省略现象非常普遍，且其省略标准很复杂，不易掌握。汉语中的一些省略现象实际上并不能算是省略，如果将其"省略"的部分补充上，语句反而会显得别扭，但是在汉译英时一般要将这些省略的部分补充上。由于英语属于重形合的语言，而汉语属于重意合的语言，因此从英汉对比的角度看，英译汉时，许多英语原文中省略的部分，在相应汉语译文中就不能省略。

【例】A man may usually be known by the books he reads as well as [⋯] by the company he keeps: for there is a companionship of books as well as [⋯] of men; and one should always live in the best company, whether it be[⋯] of book or[⋯]of men.

[译文]要了解一个人，可以看他交什么样的朋友，可以看他看什么样的书，因为有的人跟人交朋友，有的人跟书交朋友，但不管跟人交朋友还是跟书交朋友，都应该交好朋友。

该例原文中共有四处省略。第一处省略了谓语 be known，第二处省略了名词短语 a companionship，第三处和第四处省略了名词短语 the best company。这些省略均是语法层面的省略。对应汉语译文中将这些省略的部分都补充了出来，使译文读起来更为通顺、流畅。

（二）段际连贯

语言片段以语篇意向为主线所形成的语义、逻辑上的连贯性称作"段际连贯"。同段内衔接一样，段际连贯也可以通过替代、重复、连接词的使用、省略等手段实现，也可以通过一定的时空、逻辑关系的贯通来实现。因此，译者在翻译的过程中必须把每个词、每句话都放在语篇语境中加以考虑，正确推断上下文的逻辑关系，领会作者的意图，适当遣词，从而保证译文的意思清晰、明了。

【例】When I first started to look into the origins of the symbol, I asked a Turk about the history of their flag…

As an explanation, however, this is at odds with astronomical data…

The rejection of this hypothesis on astronomical grounds is strongly supported by historical information that…

Going back in time, the next set of three hypotheses involves the fall of Constantinople on 29 May 1453…

The astronomical explanation associating the star and crescent with the fall of Constantinople must all be wrong. But there is also strong evidence for the use of the symbol throughout the Middle East at least as far back as the founding of Islam. For example…

［译文］我在开始研究星月图案起源的时候就曾问过一个土耳其的学生，他们国旗上星月图案的由来……

但是，这位学生的说法和天文资料的记载不太一样。据天文资料记载……

根据这一资料的记载可以断定，这位土耳其学生的说法不成立……

从历史上看，人们对星月图案还有三种说法，均与1453年5月29日君士坦丁堡的陷落有关……

将星月图案的出现与君士坦丁堡的陷落联系在一起就是牵强附会。有确凿的证据表示：星月图案在整个中东地区的出现至少能追溯到伊斯兰教诞生之前。例如……

该例原文中使用了替代的手法来实现各段之间的衔接，如用 the symbol 替代 the star and crescent，用 this、this hypothesis 来替代 the origins of the symbol。其译文主要是靠重复的手段实现文章的连贯。

需要指出的是，为了使译文条理更加清晰，易于译入语读者理解，译者需要改变原文的结构形式，对原文的段落进行适度的拆分与合并。

【例】He was a little man, barely five feet tall, with a narrow chest and one shoulder higher than the other and he was thin almost to emaciation. He had a crooked nose, but a fine brow and his color was fresh. His eyes, though small, were blue, lively and penetrating. He was natty in his dress. He wore a small blond wig, a black tie, and a shirt with ruffles round the throat and wrists; a coat breeches and waistcoat of fine cloth, gray silk stockings and shoes with silver buckles. He carried his three-cornered hat under his arm and in his hand a gold-headed cane. He walked every day, rain or fine, for exactly one hour, but if the weather was threatening, his servant walked behind him with a big umbrella.

[译文] 他个头矮小，长不过五尺，孤苦伶仃，身板细窄，且一肩高一肩低。他长着一副鹰钩鼻子，眉目还算清秀，气色也还好，一双蓝眼睛不大，却迥然有神。他头戴金色发套，衣着非常整洁：皱边的白衬衣配一条黑色领带，质地讲究的马甲外配笔挺的套装，脚着深色丝袜和带白扣的皮鞋。他腋下夹顶三角帽，手上拄根金头拐杖，每天散步一小时，风雨无阻。当然，落雨下雪时自有仆人亦步亦趋，为他撑伞。

在翻译该语段时，如果译者不能对原文重新进行分段整合，那么译文的条理就会非常混乱，进而阻碍读者对原文的理解。基于此，译者对原文进行了适当的分段处理，将"他"的外貌描写作为一段，将"他"的行为描写作为另一段，这样就可以使译文的层次更加分明，条理更加清楚。

（三）语域一致

语域即语言因使用的场合、交际关系、目的等的不同而产生的语言变体，其主要涉及口头语与书面语、正式用语与非正式用语、礼貌用语与非礼貌用语等方面。

语域是篇章翻译中不可或缺的一个内容，一篇好的译文既要将原文的意义准确、完整地译出来，又要恰当地再现原文的语域特点。例如，给不同的人写信，语气就不相同，因此写信人与收信人的亲疏关系就可以从信的字里行间透露出来。译者在翻译过程中应该了解与把握这种语域区别，以便准确地再现原文的意图。

【例】Dear Peter,

Sorry to trouble you, but I've got a bit of a problem with that necklace I lost. They've found it but don't want to send it back — they expect me to come and pick it if you please! I've written to their head office in London, but do you think there would be any chance of your picking it up for me next time you're in Brighton on business? If you can do it, phone me in advance so that I can authorize them to give it to you. You'd think it was the Crown Jewels, the way they're carrying on!

Best wishes.

Mary

[译文] 亲爱的彼得：

麻烦你一件事，我遗失的项链出了个小问题。他们已经找到，但不愿寄给我——让我自己去取，竟有这事！我已经写信到伦敦总店，但不知你下次到布莱顿出差时是否可以帮我代取一下？如可行，事先给我个电话，我好授权让他们交给你。他们煞有介事，你准以为是凤冠霞帔呢！

安好

玛丽

该信函使用了非正式的格式，语气平易亲切，句法口语化，简单易懂。由此可见，这封信是写给朋友的。因而，译文中也使用了口语化的语言，以实现原文的表达效果。

如果原文是正式的公函,那么在翻译时就要使用正式的语言表达方式。

【例2】Dear Sirs,

You will be interested to hear that we have recently developed a new kind of bicycle, which is selling very strongly on the home market.

Because of its success in this country, we thought there might be sales potential abroad, and we would welcome your advice as to whether, in your opinion, there is a market in your district.

If you agree, we shall be glad to supply you with our samples for you to show to customers. You will find enclosed an order form in case you wish to make an immediate order.

We look forward to hearing from you soon.

Yours faithfully

[译文] 敬启者:

相信您会有兴趣了解我们近期开发的新型自行车,这种新型自行车目前在国内市场上极为畅销。

由于国内市场的成功,我们认为它在国外市场亦具有销售潜力。我们愿意知道您认为此项产品在贵区域是否有良好的销路。

如果贵公司同意,我们很高兴提供样品,以便您向顾客展示。若是您愿意立即订购,请利用随函所附的订购单。

期盼您的快速回音。

敬上

这是一篇正式的商务公函,所以译文也采用了正式的措辞,以准确传达原文的语气。

通过上面的分析可以得知,在进行具体的语篇翻译实践过程中,译者既要强调英汉两种语言在句式和篇章结构等方面的差异,又要注意对文章中字词句的翻译,从整体上把握语篇的连贯性和语域等问题。这样两手兼顾,才能翻译出符合译入语语言习惯的译文。

第五章　全球化语境下的英汉思维模式差异与翻译

在翻译过程中，思维模式的差异是一个不可忽视的因素，其对于译文的准确性有着较大的影响，因此在全球化语境下的英汉互译实践中，应该尊重英汉思维模式的特点，遵循各自语言的表达习惯。只有对英汉思维模式有准确的理解，才能排除英汉思维模式差异带来的干扰，从而保证双语转换更为自然、贴切。本章就具体分析全球化语境下的英汉思维模式差异与翻译问题。

第一节　英汉思维模式差异分析

在刘宓庆(1999)看来，语言文化主要包括个体及群体的心理取向，思维偏好、价值体系、伦理体系等是其主要范畴。概括来说，思维模式是人们通过推理、分析来对外界世界进行感知。由于中西方民族所处的地理条件与历史环境的不同，由此导致了生产方式、社会结构以及人们的思维模式的差异。本节就对英汉思维模式方面的差异展开分析。

一、个体思维与整体思维的差异

（一）西方的个体思维

个体思维明确区分为主体与客体、人与自然、精神与物质、思维与存在、灵魂与肉体、现象与本质，并把两者对立起来。个体思维有两个不同的层次。西方人重具体求知，学术贵分门别类，科学、哲学、文学、艺术等皆各自独立发展。柏拉图(Plato)首先提出了"主客二分"的思想。15 世纪下半叶以后，自然科学进入对事物进行分析解剖的阶段,从定性走向定量,从宏观走向微观,以孤立、静止、片面的观点考察和分析事物。恩格斯(Engels)指出,把自然界分解为各个部分,对有机体的内部按其各种各样的解剖形态进行研究,这是认识自然界的条件。17世纪以后,西方注重分析事物的因果关系而不再注重事物的相互关联。笛卡尔(Descartes)明确地把主体与客体对立起来,提出"精神实体"与"物质实体"同时存在但彼此独立的二元论世界观,以"主客二分"作为哲学的主导原则。后来的后现代哲学,改变了这一认识模式。

(1) 把事物从其所处的环境中分离出来,注重其特性,以便归入一定的范畴;运用范畴的规律来解释和预见事物的表现。这要求把复杂的事物分解为具体的要素,把各要素割裂开来、孤立起来,然后深入考察各要素的性质、联系,从而为了解整体及其要素的因果关系提供依据。

(2) 因为第一个层次的不足,思维必须上升至第二层次,就是以完整而非孤立、变化而非静止、全面而非片面、相对而非绝对的对立统一的辩证观点去分析复杂的世界。马克思主义哲学大力提倡这种思维层次。另外,系统论方法、控制论方法和信息论方法也表现了综合性的思维方式。

(二)中国的整体思维

整体思维把人与自然、人间秩序与宇宙秩序、个体与社会看作不可分割、互相依存、互相制约、平衡协调的有机整体。

在这个整体结构中,身心合一,形神合一,精神与物质、思维与存在、主体与客体合一。整体性思维把天、地、人和自然、社会、人生放在关系网中,从整体上综合考察其有机联系,注重整体的关联性,注重结构、功能,注重关联、感应,注重用辩证的方法去认识多样性的和谐和对立面的统一。"知行合一"强调认知与行为的一致,儒家主张认知与伦理实践一致,墨家主张认知与生产实践一致,法家主张认知与政治实践一致。"情景合一"将主体意向、个人情感与描写客体融合为一。中国的整体性思维是以主客一体实现"尽善尽美"的整体和谐境界为目标。

整体性和辩证性是中国传统思维方式的一大特征。中国人习惯于从总体上把握整个研究对象,注重宏观判断,忽视微观分解,因而难以得出可以验证的明确结论，由此逐渐养成了对任何事物不下极端结论的力求圆融的原始辩证思维方式，即对事物既不说"对"也不说"错"、既不说"是"也不说"非"的辩证方法。科学却要求论证必须"一是一，二是二"，不允许有任何含糊不清的地方，强调任何结论经得起"证伪"，因此整体性思维必须与分析性思维结合起来，才有利于中国科学技术的发展。

中国的小农经济使先民们意识到丰收、生存离不开自然的恩赐，进而从男女关系、天地交合和日月交替等现象悟出阴阳交感、"万物一体""天人合一"的意识。《易经》提出了有机整体的初步图式，把自然现象和人事吉凶都纳入阴阳两爻所组成的六十四卦系统之中，为中国传统思维奠定了基础。宇宙在演化过程中产生了阴阳混而为二、天地未分的混沌状态，即太极。太极动而生阳，静而生阴，动极而静，静极复动，一动一静，交替产生出阴、阳来。阴阳交合而生五行，五行是构成宇宙万事万物的基本要素。阴阳结构是宇宙万事万物的基本结构。阴阳相互对立、相互渗透、相互转化。事物总是处于阴阳交替变化的过程之中，事物都是在变化中生存、发展、和谐、统一。变化的内因是事物内部阴阳的相互转化，只有变化才能使事物正常发展。宇宙间的各种事物表面看来无穷无尽、各不相干，实际上都以某种关系相互联系着，并保持着本身固有的特性与发展规律。春秋战国时期，儒家和道家从不同角度发展了有机整体的思维模式，都把人和自然看作一气相通的整体。

中国的整体思维从阴阳互依互存衍生出中庸的思想。中国人善于发现事物的对立，并从对立中把握统一，从统一中把握对立，求得整体的动态平衡，以和谐、统一为最终目标。任何现象都是对立的，这两方面相互依存、相互包含、相互转化、相互轮替，必须注意对称，兼顾两面，只有当这两方面处于均衡对称状态时，才能取得整体稳定感。

二、抽象思维与形象思维的差异

（一）西方的抽象思维

西方语言属于印欧语系，受印欧语系语言特征的暗示和诱导，西方人所擅长的思维形式是基于逻辑推理和语义联系的逻辑思维。拿西方的语言而言，它回环勾连，有着溪水一样的流线形式，这就使得人们更注意事物之间的联系。西方语言的符号形式和语法形式使得印欧语系民族对事物的表面逻辑的感知更加强烈。

由于抽象的书写符号、语音形式逃离现实世界，所以印欧语系的民族更多地游走于现实世界之外而进行纯粹的思考。一连串无意义的字母连接成有意义的单词，然后单词排列成短语、句子和篇章。所以，西方语言走的是"点—线—面"的路线，缺乏立体感，因而诱发人们形成了脱离现实世界的抽象思维。西方抽象思维借助逻辑，运用概念、判断、推理等思维形式，探索事物的本质和内在联系。也正是因为西方语言"点—线—面"的路线，西方人在进行逻辑思维时常用演绎法。因此，西方语篇倾向于开门见山、直奔主题，每一段的第一句往往就是主题句，其后围绕该主题展开阐述或举例论证。

（二）中国的形象思维

中国形象思维表现在中国人在认知时总是喜欢联系外部世界的客观事物。这和中国人的语言——汉语也是休戚相关的。

汉字经过数千年的演变，从古代的象形字转变为今天的形声字。汉字方正立体，导致人们容易把它们同外部世界的事物形象联系起来。有些字仍保留了很强的意象感，如"山"字可以使人们脑海中显现出自然界里山的形象，文学作品特别是古代诗词中也充满着丰富的意境。这种意象丰富的文字被中国人经常用来思维，因此中国人逐渐养成了形象思维。这种思维极富情理性、顿悟性和直观性。

正是由于中国汉字的立体感，中国人在进行辩证思维时总是先想到具体的物象、事实、数据等，然后再从中归纳出规律来，就是说，他们总是倾向于采用归纳法。

与逻辑思维善于思考未来不同的是，形象思维更关注过去和现在，具有反馈性。越是古老的国家，往往越是看重历史、看重过去。中国由于拥有悠久的历史、灿烂的文化和辉煌的成就，必然会因"过去"而自豪。同时，中国曾经受到过外族的多次入侵，屡屡遭受生灵涂炭的巨大灾难，他们难以忘怀那种家破人亡、流离失所的悲惨经历，因为对祖国的深厚情感使他们在反抗外敌侵略的同时,也必然会将国恨家仇作为历史教训以警后人。所以,中国是当今世界最看重过去的民族之一。

较为看重过去的民族也相对比较保守。体现在消费观念上,就是中国人表现出求稳和安于现状的保守消费观。因为几千年来,中国社会一直处于半封闭的隔离状态,自给自足的农业经济和强烈的血缘宗族关系占据主导地位。

三、认知型思维与伦理型思维的差异

(一)西方的认知型思维

西方文化发源于沿海地区,受海洋性、开放性地理环境的影响,西方的航海业、工商业非常发达,因此也就形成了以探索自然奥秘为目的的传统思维。

西方对大自然非常敬畏与憧憬,且充满好奇心,这就引发了人们对大自然无穷的探索。哲学家将这种对自然的认识与探索视作一种使命,因此在哲学家眼中,自然是一个独立的对象。

亚里士多德(Aristotle)认为:"人类的本性在于求知,人类的目标在于认识真理。"而探索真理的过程就是找出对象产生与发展的原因,这就是西方的认知型思维。万物的存在都会有原因,而这个原因主要有两种:一种是有限事物的原因,这是具体科学的任务;另一种是无限事物的原因,这是哲学的任务,属于第一原因。

随着自然科学的发展,西方人不断排除各种主观臆断与猜测,通过探索发现自然界本身的原因,对自然现象予以解释,从物质或对象的内部结构来阐释其内部属性,从而产生了基于实验的各种推断与说明,也逐渐形成了科学理论体系。

(二)中国的伦理型思维

中国的地理环境处于半封闭状态,受小农经济的影响,加上社会现实的制约,逐渐形成了儒家思想,而以儒家为代表的思想家并未积极地探索自然的奥秘,而是对政治、社会现实等予以特别的关注。他们认为,对自然奥秘的探索是为社会、政治服务的,为社会政治提供理论依据。思维的中心在于伦理道德,尤其是长幼尊卑、朋友之谊等。维护人伦关系不仅有助于维持君臣关系，也有助于定国安邦。

中国人的伦理型思维方式使先人将伦理、道德视为视觉焦点，主张"仁、义、礼、智、信"，只有"诚意、正心、修身"才能"齐家、治国、平天下"。可见，中国人重视道德修养、伦理纲常、人际关系和社会的和谐安定。

《左传》中说："天道远，人道迩，非所及也，何以知之？"这句话简单理解就是天道是彼岸世界的事情，而人道是我们关心的事情，是可以知道也必须做到的事情。

《孟子》中也有"天时不如地利，地利不如人和"的说法，可见，儒家对自然事物的论证不感兴趣，而对人伦道德则非常感兴趣。

总之，中国人并未将自然独立出来，而是将自然纳入人文意识之中，这样就形成了"天人合一"倾向。因此，中国人向来追求人伦政治，而忽视自然意识，其焦点仅仅集中于伦理、道德。

可见，西方人的思维是科学认知型，对人的判断往往取决于其行为与表现；而中国人的思维则是伦理型，对人的判断往往取决于其身份。因此，西方人看重个人奋斗，中国人看重人际关系。

中国社会以人际关系的改变作为改朝换代的契机，从而建立新的政治，开创新的历史篇章，这属于人文文化；西方社会则以处理人与自然的关系作为其发展的动力，推动了自然科学的发展，这属于科学文化。

四、直线式思维与图形式思维的差异

（一）西方的直线式思维

西方人更加重视某事物或某现象的独立性方面，往往擅长从细节上观察与研究事物。因此，西方人的思维形式有明确的起点、终点，非常简单和直观，就像一条直线。

很多学者都认同这样一个观点，即使用线性的、分析性的形式来形容西方人的思维，认为这种思维主要是受到了古希腊、罗马的传统影响，这就是人们经常提及的"直线式思维"。所以,在西方人的大脑中,思维就如同一个不显露的真理,很多事物在思维的作用下建立着直接或间接的关系,人们往往通过"一"来理解"众"。

(二)中国的图形式思维

中国受儒家、道家思想的深刻影响,更加强调整体性的、图形式的思维。因此,中国人的思维没有明确的起点和终点,就如一个圆,浑然一体。换句话说,中国人十分重视不同事物、现象之间所具有的依赖性、联系性,喜欢从整体上观察与研究某一现象、某一事物。

此外,中国人的思维并不体现出明显的真理性,人们习惯于用"众"来理解"一",一种事物与其他事物之间的关系错综复杂,构成了一个更大的整体。例如,中国人都比较熟知的太极图,图案形成了一种相互交织、周而复始的关系。没有起点,也没有终点,从而体现出中国文化非计量性、非累积性、模糊的特性。

五、逻辑实证性思维与直觉经验性思维的差异

(一)西方的逻辑实证性思维

西方思维传统注重科学、理性,重视分析、实证,因而必然发明并借助逻辑推理,在辩论、论证和推演中认识事物的本质和规律。

古希腊哲学家亚里士多德开创了形式逻辑,提出了形式逻辑的三大基本规律,创立了演绎推理的三段论以及整个形式逻辑体系,使逻辑性成了西方思维方式的一大特征。形式逻辑还使西方思维方式具有理性、分析性、实证性、精确性和系统性等一系列特征。15世纪下半叶,自然科学的发展进一步推进了形式分析思维模式。17世纪,英国哲学家培根(Bacon)充实了形式逻辑的内容,建立了归纳逻辑的基础,认为要面对自然、事实,以经验和观察为依据,坚持认识起源于感觉,主张用观察、实验、分析、比较、归纳的理性方法整理感觉材料。此后,19世纪英国逻辑学家穆勒(Mill)将培根的这一思想发展为探求因果联系的五种归纳方法。归纳法与演绎法相结合,使形式逻辑的内容大体比

较完备。17世纪，笛卡尔、莱布尼茨（Leibniz）试图用数学的方法来处理逻辑问题，促进了数理逻辑这门科学的诞生。19世纪末至20世纪初，一些著名的数学家兼逻辑学家建立了数理逻辑这门科学。数理逻辑用一整套人工符号语言来表达逻辑结构和规律，把对思维的研究转变为对符号的研究，因此也称为符号逻辑。18世纪末至19世纪初，黑格尔（Hegel）建立了唯心主义的辩证逻辑体系，马克思（Marx）和恩格斯以唯物主义改造了黑格尔的辩证逻辑。至此，西方已有了形式逻辑、数理逻辑、辩证逻辑等基本逻辑工具。西方逻辑思维的发展导致思维的公理化、形式化和符号化。

西方逻辑思维更加倾向于思考未来，因为西方新兴国家历史较短，也没有多少引以为傲的"亮点"，通常更看重未来。但是，这类国家往往是社会历史发展的"后起之秀"，引领时代潮流，这是它们唯一值得骄傲的地方。这些国家几乎没有什么陈规旧俗，但更富有冒险精神和创新精神。他们认为，希望在未来，不愿落后于他人、落后于时代，所以总是朝前看，不断朝着未来的目标努力。

因此，在消费方面，西方文化自古就有开放的传统，总是把目光投向自身以外的世界。古希腊时期的各个城邦都是以手工业和商业为中心的外向型经济，需要积极向外扩张征服，拓展原料产地和商品市场，也形成了敢于冒险和求新的开放的消费观念。对于他们来说，新的才是进步的，进步的就是好的。

（二）中国的直觉经验性思维

中国传统思维注重实践经验知识，注重整体思考，因而借助直觉体悟从总体上模糊而直接地把握认识对象的本质。直觉思维通过静观、体认、灵感、顿悟，未经严密的逻辑程序，直接而快速地获得整体感觉和总体把握，重直观内省，轻实测论证，重内心体验，轻实验实证，重直觉领悟，轻逻辑推理。直觉思维因省去许多中间环节，因而能够高效、快捷地领悟认识对象，但偶然性多，准确性差。这是一种超越感性和理性的内心直觉方法。

中国的直觉思维具有直接性、意会性、整体性和模糊性，但如果以逻辑思维为前提，并与逻辑思维相结合，就可能发挥其创造性。直觉思维对中国哲学、文学、艺术、美学、医学等的影响尤为深远。

直觉思维方式使中国人对事物的认识只满足于描述现象和总结经验，而不追求对感性认识的深层思考与对现象背后本质的哲学思辨。中国人对事物的认识常常是"只能意会，难以言传"，习惯停留在表面现象上，对许多事物的认识"只知其然，不知其所以然"，缺乏探求现象背后的深层原因与本质特征的精神。

第二节　英汉思维模式差异对翻译的影响

翻译不仅是语言的翻译，也是思维的翻译。思维是语言转换的基础，这决定着语言的具体转换必然会受到思维差异的影响和制约。也就是说，英汉思维模式的差异性对翻译有着重要的影响，具体体现为如下两大层面。

一、理解方面的影响

由于英美人的抽象思维较为发达，且在英语中，抽象表达使用得较为普遍；而中国人的形象思维较为发达，因此就导致缺乏与英语中对应的抽象表达。具体而言，英语中的大量抽象表达很难用汉语进行对应翻译，同时汉语中的大量具体表达也很难在英语中得到对应的体现。例如：

菱很小，但很嫩，吃到嘴里满口生香。

Though the water chestnuts were small, they were tender and delicious.

如果将汉语句子中的"吃到嘴里满口生香"进行直译，那么势必会显得晦涩难懂。

另外，英美人要比中国人更加注重形式逻辑，因此英语中较多地使用形式连接手段，虽然意蕴较为丰富，但是翻译十分困难。例如：

My friend and I had just finished lunch at an expensive restaurant when we realized that we didn't have enough money to pay the bill.

我和我的朋友在一家豪华的饭店里刚用完午餐，突然意识到所带的钱不够付账。

英语句子中的 when 这一连接词很容易被中国人按照常理理解为"当……时",但是这显然与原意不符。其实从意义上说,全句的主要部分不在主句,而是 when 引导的从句,因此在翻译时需要多加注意。

二、表达方面的影响

英语重形合,而汉语重意合。这是英汉句法结构上的显著特征,但是这也会对翻译造成影响。英语形合特点与汉语意合特点的负迁移作用,对译文表达的准确性与流畅性造成了严重的影响。在英译汉中,相当数量的形式连接手段不必对应地翻译成汉语,而应该从语义上考虑,在字里行间来进行表达;而汉译英则恰好相反。例如:

The weather was so hot that he found it difficult to stand it.

天气如此的炎热,以致他感到难以忍受。

显然,"如此的……以致……"读起来非常拗口,而且影响了译文的流畅性。在翻译时,译者完全没有必要机械地翻译出这些连接词,而应该译为:

天气太热,他感到难以忍受。

人不犯我,我不犯人;人若犯我,我必犯人。

在翻译上面这句话时,如果不翻译其中隐藏的连接词,即假设连接与并列连接,那么译文会出现错误,也显得松散。因此,在翻译时为了保证英语句子的严密性与完整性,应该翻译为:

We will not attack unless we are attacked; but if we are attacked, we will certainly counterattack.

英语句子中,主谓提挈功能较强,即凸显主谓这一主干结构,而汉语句子则相反,甚至有些汉语句子较为松散,没有主语。这方面的差异也会造成翻译的障碍。例如:

不一会儿,北风小了,路上浮尘早已刮净,剩下一条洁白的大道来,车夫也跑得更快。

(鲁迅《一件小事》)

Presently the wind dropped a little, the loose dust had been blown away, left the road way clean, the rickshaw man quickened his pace.

在翻译时，译者套用了汉语的流水句式，动词也完全采用了限定动词的过去时态，分句之间不含有连接词语，与英语的表达习惯不相符，也很难让英语读者理解，应改译为：

Presently the wind dropped a little. By now the loose dust had all been blown away, leaving the road way clean, and the rickshaw man quickened his pace.

他五岁时，碰到了一次车祸，变成了植物人。

He became a vegetable at five in a car accident.

翻译这句话时，应该首先确定哪一个动词为句子主谓结构中的主干谓语，然后运用恰当的关系来表达，将其他的东西做关系词集结处理，这样才能将主谓结构凸显出来，也才能与英语的表达习惯相符。

第三节　全球化语境下跨文化交际与思维构建

一、跨文化交际中的认同

（一）文化认同

文化认同（cultural identity）主要指个人对于一个特殊文化或者族群所具有的归属感。文化认同包括对本族文化与异质文化的认同。对文化本体的认同、对家庭、家族等血缘关系的认同等都属于对本族文化的认同。这类认同主要经由社会化过程（socialization）而自然形成。一经社会化，我们也就与自己的文化群体相融合，建立了对本族文化根深蒂固的归属感。

（二）社会认同

社会认同（social identity）是个人在一定文化范围内，因为隶属于某个团体而形成的。只要个体能够接受团体成员共同认同的看法与关心的事，对该团体的归属感就产生了。

社会认同是自我概念的一部分,起源于一个或者多个社会团体的成员身份以及对该团体的相关评价。也就是说,自我概念的形成一则来源于对个人的认同,另一则来源于对自己社会身份的认同以及他人对自己社会身份的认同。下面,我们将介绍与社会认同相关的两个核心概念以及社会认同理论,它们对于跨文化交际研究有着显著影响。

二、跨文化交际中的文化迁移

文化迁移是跨文化交际中一个十分重要的问题,它不仅会直接影响交际的效果,甚至还会引起交际障碍和冲突,是交际过程中不容忽视的因素。不同的民族有不同的文化,不同的文化之间既有联系又有区别,既有各自的个性又有普遍的共性。共性为跨文化交际提供了依据和保障,进而引起文化的正迁移或零迁移;个性则构成跨文化交际的障碍,进而引起文化的负迁移。

(一)导致文化迁移现象的因素

文化背景、思维方式、地理环境、宗教信仰的不同会导致文化迁移现象。例如,汉语中的"三个臭皮匠,胜过诸葛亮"就是历史因素带给语言文化的内容。对中国读者而言,他们都知道诸葛亮是中国历史上的著名人物,是智慧的象征。而对外国读者来说,他们就很少知道了。同样,英语中的成语 meet one's Waterloo(败走麦城)也是源于历史事件的成语。古代中国是一个内陆的农业国家,土地至关重要,因此汉语中有许多与土地有关的词语,而英国是个四面环海的岛国,因此英语中与海有关的词语俯拾即是,例如:

In a calm sea, every man is a pilot. 海面平静处,人人是舵手。

His mood underwent a considerable sea change. 他的情绪发生了巨变。

a sea of debt 大量的债务

be at sea 不知所措

美国人喜欢谈论棒球、足球和篮球,在他们的日常用语中,许多比喻都与球类运动有关,例如:

You have to keep your eye on the ball if you want to stay in the game. 想要打好比赛，眼睛就要盯着球。

Dropped the ball. 要做的事情没有做好。

Drop bade and punt. 放弃目前策略做点别的事情。

To score points. 对某人有好的印象。

To throw a curve. 做出人意料之事。

To cover the bases. 考虑全盘。

Can't get to first base. 迈向目标的第一步未能完成。

To hold the line. 坚定，不妥协。

To strike out. 失败。

在实践中准确理解和运用这些具有文化特色的表达法可以增进彼此的感情，避免两种语言文化中由于地理环境差异而造成的负面迁移。又比如，devil 指的是邪恶的神、魔鬼，这与中国神话中的阎王相距甚远，阎王作为阴间之神，不仅掌握着世间百姓的生死，还给鬼魂生前的行为做出判决，是一个奖罚分明的神话人物。

（二）文化迁移模式

1. 文化负迁移

文化负迁移按其文化意值可分为以下 3 种，即文化信息的增值、文化信息的减损以及文化信息的误解。文化信息的增值是指交际的一方或双方获得的文化信息量超出了说话者所赋予的文化意值，即受话者除了赋予说话人所要传达的意值以外，还附加了说话者并未传达的意义或受话者把说话者所要传达的某项较弱的意义人为地强化了。比如，"吃了吗？"在汉语文化中是一种寒暄语，类似于英语的"How are you doing？"但对不了解汉语文化的英美国家的人来说，"吃了吗？"（Have you had your lunch？）并非是寒暄语，而会理解成对方想邀请自己吃饭，其文化的意值就增加了。文化信息的减损是指交际的一方或双方获得的文化信息量少于说话者所赋予的文化意值，即不是全部信息的意值。文化信息的误解指交际的一方对说话者所赋予的文化意值产生了文化信息误解。比如，对英美国家的人的称赞语，缺乏跨文化交际知识的中国人往往要自谦一番，这是英美国家的人始料不及的并经常使他们陷于十分尴尬的境地。对英美国家的人来说，中国式的谦虚行不通，因为他们夸你好，你说不行，他们会以为你不信任他们。

可能产生文化负迁移的例子：

dog-eat-dog 你死我活的（并非"狗咬狗"而是"同类相残"）

a lucky dog 幸运儿（不可译成"幸运狗"）

a gay dog 快乐的人（不可译成"一只快乐狗"）

as blind as a bat 有眼无珠（不可译成"像蝙蝠一样盲目"）

have bats in the belfry 异想天开（不可译成"钟塔里有蝙蝠"）

as merry as a cricket 像蟋蟀一样快乐（中文里用喜鹊 magpie 表示快乐）

black sheep of the duck 害群之马（不可译成"鸭群里的黑绵羊"）

to eat one's own words 收回自己说的话（不可译成"自食其言"）

to get a kick out of something 欣赏……/从……中得到极大愉快（不可译成"被踢出去"）

to blow one's own horn/trumpet 炫耀自己（不可译成"各吹各的号"）

套用母语模式进行跨文化语言交际造成文化负迁移：

Good morning, teacher Smith.（应该是 Mr. Smith）

Are you cold？（应该是 Are you OK/all right？）

Where do you live？（这是隐私问题）

I have a question, teacher.（应为 Could I ask a question, Professor Smith？）

Is it a good film?

Of course.（应为 Yes, indeed.）

英汉商贸翻译可能出现的文化负迁移：

同一商标在不同文化语境里的含义会有不同。译者要选取符合译语文化的译文，避免不符合译语文化的译文，否则就会造成文化负迁移。上海太平织造厂造的"船"牌床单，色好质优，在中国周边国家销售行情也一致看好，但如果它的商标被译成"JUNK"，该产品在西方国家便打不开销路，因为 Junk 虽有"船"之意，但也有"废品"之意。中国许多产品喜欢以动物名作为商标，如龙牌酱油、金鸡电池、鹅牌羽绒服、熊猫电器等。动物在中西方文化中有相同的含义，但更多的动物在中西方文化中含义差别很大。如果把"鹅"牌羽绒服译成GOOSE，看似贴切，实则滑稽。Goose在英文里另一个含义为"傻瓜""笨蛋"，这种牌子的产品西方人是不会买的。

如果要把以动物命名的商标翻译成英文，译者应考虑文化因素并根据动物的文化含义的不同做些改变。商贸宣传文本的作用就是传播信息、促进交流。但是由于不同的文化规范，同一信息在甲文化里是积极的含义，而在乙文化里却是消极的意义。译者如果不了解这些不同的文化特点就率尔操觚的话，一定有违原文的初衷。纽马克认为，如果"信息类文本"中出现容易激怒或误导读者的内容，译者最好加以"纠正"。

2. 文化正迁移

文化正迁移是指通过翻译的作用，源语文化中的信息和内容很自然地被目的语文化所吸收和融合。目的语文化因而有了新的内容，变得更加丰富。源语文化中的信息也通过翻译的桥梁作用实现了在目的语文化中的增值和传播。例如：

make a pig of oneself 狼吞虎咽

Pigs might fly.（or：Can pigs fly？）不可能的事。

a lion in the way 拦路虎

beard the lion 虎口拔牙

as majestic as a lion 龙虎生威

a lioness at home 母老虎

cat and dog life 鸡犬不宁

drinking like a fish 牛饮

to cast pearls before swine 对牛弹琴或一朵鲜花插在牛粪上

cast sheep's eyes at 送秋波

正迁移在英汉两种文化翻译中的例子很多。较为著名的例子是美国的Coca-Cola，汉语译名为"可口可乐"，它既保持了原词的音韵和响亮，又使汉语消费者一听便知是可口的饮料，广告的效力清晰可见。举世闻名的男装商标 Goldlion，其中文译名并非英语的对等直译"金狮"，而是将 gold 保留原义，而 lion 一词则采取音译，两种译法结合译成"金利来"。它不但气派恢宏，而且含义大吉大利，符合汉语的文化习惯。

3. 文化零迁移

文化零迁移是指不同的语言文化之间虽然存在差异，但仍有许多共同的因素与成分。原作中的部分信息通过翻译进入目的语的过程仅仅是一个语言符号的转换过程，或者说是在两种语言文化之间寻找对应内容的过程。此时，翻译不会引起信息的增值或新信息的出现，也不会造成信息的减损、歪曲与变异。例如：

burn one's boats 破釜沉舟

The wall have ears. 隔墙有耳。

pour cold water over 给……泼冷水

a stone hits two birds 一石二鸟

as cunning as fox 像狐狸一样狡猾

He was a sly old fox. 他是只老狐狸。

as gentle as lamb 温顺如羔羊

as busy as bee 忙碌如蜜蜂

as greedy as a pig 贪婪如猪

as fast as a hare 敏捷如兔

make a monkey out of somebody 拿某人当猴耍

A rat crossing the street is chased by all. 老鼠过街，人人喊打。

a wolf in a sheep's clothing 穿羊皮的狼

在跨文化交际中，交际者应该努力促进文化正迁移或文化零迁移，克服文化负迁移。

第四节　全球化语境下跨文化交际能力的培养途径

一、交际能力与跨文化交际能力

交际能力是人类与他者交流和沟通的基本能力，也是跨文化交际能力的基础和前提，而跨文化交际能力则要求交际者除了具备人类基本的交际能力外，还应该具有外语能力和跨文化敏觉力等。

（一）交际能力

"交际能力"这一概念最初来源于社会学，后来延伸到语言学。美国学者海姆斯在《论交际能力》中第一次提出"交际能力"。海姆斯在提出这一概念时侧重语言的得体性，也就是在使用语言的时候应该更注意符合具体社会环境的要求，即时间地点、交际对象、内容，以及谈话方式等。海姆斯认为，交际能力应包含四个方面的内容：①语法的正确性，即语言形式要正确。②语言的可行性，即交际对象在心理上的接受度。③语言的得体性，即交谈时要根据具体环境和对象选择得体的语言。④语言的现实性，指语言实现其交际功能并产生相应的影响。随着"交际能力"概念的提出，语言学家对交际能力发表了各自不同的看法。其中，最具影响力和代表性的是美国的卡纳尔、斯温和欧洲的范艾克。在卡纳尔和斯温的研究里，他们认为，交际能力包括语言能力、社会语言能力、篇章能力和交际策略四个方面。这个观点已经被语言学界的大多数人所认可。范艾克认为，交际能力所涵盖的范围应该更大、更全面。他认为，外语交际能力应该包括：①语言能力；②社会语言能力；③篇章能力；④交际策略；⑤社会文化能力；⑥社会能力。范艾克与卡纳尔和斯温的不同之处在于增加了社会能力和文化能力。这两项能力正是范艾克交际能力研究的精彩之处，精彩在于它道出了交际能力的本质。随着心理学的发展，十年后，巴克曼和帕尔默将交际能力重新划分为语言能力、策略能力和生理心理机制等三个部分。语言能力包括组织能力和语用能力两部分。策略能力是运用语言知识的心理能力,是语言能力与现实世界相沟通的桥梁。生理心理机制是语言交际能力的生理心理基础,是语言交际能力赖以存在和发展的前提。我们要培养学生的交际能力必须考虑学生的生理和心理机制特点。显然,巴克曼和帕尔默的理论把前辈们关于交际能力的理论往前推进了一步。在陈国明的研究中,"交际能力"被称为沟通能力或胜任度(communication competence),而"有效性"(effectiveness)与"适当性"(appropriateness)则构成了交际能力的主要内涵。有效性意指个人在互动过程中用以产生某种意欲结果的能力;适当性则泛指互动者达到沟通情境的脉络需求(contextual requirements)的能力。

(二)跨文化交际能力

跨文化交际是指具有不同文化背景的人从事交际活动的过程。至于交际的效能如何,主要取决于交际双方的跨文化敏感度、沟通技巧和交际行为的灵活性等,即取决于交际者的跨文化交际能力(intercultural communication competence)。有学者曾经对跨文化交际能力做过比较具体的界定:跨文化交际能力是个体所具有的内在能力,能够处理跨文化交际中的关键性问题,如文化差异、文化陌生感、本文化群体内部的态度以及随之而来的心理压力等。这种能力并非与生俱来或一蹴而就,必须经由一段教育与学习的过程才能慢慢习得。正如一些学者指出的,在全球化到来的今天,当我们面对日益增长的文化多元互动时,探讨跨文化交际能力的意义与内涵,便日趋重要。唯有经由跨文化交际能力,我们才能在全球化社会里与来自不同文化背景的人们进行有效与适当的沟通。由此可见,跨文化交际能力培养的基本因素和途径是跨文化交际学者和第二语言教师应该关注的重点。根据陈国明的论述:"跨文化沟通能力是沟通能力的延伸。两者的定义大同小异,唯一的区别在于,跨文化沟通能力特别强调情境脉络的重要性。这种对情境脉络的强调,除了重视人与人之间互动的有效性与适当性外,也很注意人与沟通环境之间的互动与双方的文化认同。因此,跨文化沟通能力可以定义为'互动者谈判文化意义(cultural meanings)与适当地在一个特殊环境下使用有效的沟通行为,以便确认双方多重认同（multiple identities）的能力'。"

二、跨文化交际能力的基本要素

跨文化交际是一个多学科交叉、跨越性很强的新兴学科，这种跨越性决定了跨文化交际能力的立体性。跨文化交际能力是20世纪90年代针对跨文化交际人才培养提出的一种能力范式，它强调交际者跨文化敏觉力、跨文化意识和处理文化差异的技巧和灵活性。这三个部分不是孤立存在的，它们之间有着紧密的联系和层级关系，即跨文化敏感性处于最低层，处理文化差异灵活性处于最高层，跨文化意识则处于两者之间。换句话说，只有当交际者对各类文化差异萌生了敏锐的意识，才可能产生宽容的文化态度和交际的兴趣，面对不同的跨文化情景进行积极的自我调适，跨文化意识也渐次增强，进而采取灵活自如的处理方式，由此达到很高的跨文化交际效能，据此我们可以看出跨文化能力的培养是由低到高、循序渐进的过程。

（一）跨文化敏觉力

跨文化敏觉力是跨文化交际能力基本要素的第一个要素。有学者指出，跨文化敏觉力（intercultural sensitivity）代表跨文化沟通能力的情感面向，它代表一个人在某种特殊的情境或与不同文化的人们互动时情绪或情感的变化。跨文化沟通的情感面向特别指出，具有跨文化沟通能力的人，能够在互动之前、之中和之后，投射与接收正面的情感反应（positive emotional responses）。这种正面的情感反应最终会把当事人带到认可与接受文化差异的境界。这个过程正是发展跨文化敏觉力的过程。贝内特认为，跨文化敏觉力是个发展的过程。一个人能够在认知、情感以及行为层次把自己从我族中心（ethnocentric）的阶段转化到我族相对（ethnorelative）的阶段。这个转化的过程包括六个阶段：（1）否认文化差异的存在。（2）对抗认知到的威胁以试着保护自己世界观的核心。（3）试图把差异藏匿在文化相似性的伞下，以保护自己的世界观。（4）开始接受文化与行为上的差异。（5）开始发展对文化差异的移情能力并成为双重或多重文化人。（6）能够把我族相对主义用到自己认同之上，而且体验到差异，其实是人生很重要、值得愉悦的一部分。

文化差异的敏感性，不仅是对文化表层，更是强调对文化深层差异的识别能力。文化表层的差异显而易见，不需要特别的训练就可以识别，而文化深层的差异通常隐含在人们的行为和思想中，不易直接观察到。例如，西方人习惯的低情境交际和东方人采用的高情境交际是不易被直观看到的，因此有意识地培养对文化深层差异的敏感性就显得尤为重要，这必须依赖于对不同文化的比较及对文化差异相关知识和经验的积累。

跨文化敏觉力是一个内涵丰富的能力概念，它包含了交际者的自信心、自适力、开明度、中立的态度，以及社交的从容等相互联系的几个层面。

作为一个面对全新异文化的交际者，首先对自己的文化和自身素养要有很强的自信心，这种自信心使交际者在面临各种交际情境时采取乐观积极的态度，从而更易于接受他人和他文化，也较易于被对方交际者理解和接受。同时，自信心让交际者在跨文化交际中遇到挫折、误解或疏离时，能够相对自如地应对这些交际逆境，更快走出交际困境。

跨文化交际的开明度意味着交际者要有多元文化心态，对异质文化应采取宽容理解并尽量去接纳的态度，而不是以自我文化为中心，以自己的文化价值观去衡量评价对方交际者的言行。同时，开明度还包含交际者愿意适当解释对方不易理解和接受的自己的语言和行为，也乐于倾听对方在交际过程中的解释。其实，跨文化交际的开明度即是阿德勒在1977年提出的"多重文化人"。多重文化人能够接受不同于他们自己的生活形态，更能在心理和社交方面掌握住实体的多重性（multiplicity of realties）。换言之，跨文化敏觉力强的人，不仅能够了解一种观念，可以用多种不同的形式来加以表达，并且对世界具有一个内化与广阔的概念。这些都是开放心灵的表征，促使一个人愿意认可（recognize）、感激（appreciate），甚至接受（accept）不同的观点。这种处处为他人设想与承受别人需求的特性，在跨文化交流中，就是相互确认（mutual validation）与认可彼此文化认同的发挥。

自适力是指在跨文化交际中，交际者根据交际情境和交际时间不断地进行自我调节适应并进行有效的交际的能力。有研究表明，自适力强的交际者对周遭环境和对方交际者的行动更敏感，能够迅速捕捉到交际中的可用信息以及交际中适时的变化并调整自己的言行，以尽可能地完成交际任务，达到交际目标。

中立的态度主要指交际者在真诚倾听对方交际者的言语时，能够主动摆脱自己文化带来的思维模式的定式，积极倾听对方的语言和意识，理解对方语言中的文化密码和交际意图。在对话过程中，尽量采用描述性而非评价性和判断性的语言和态度，不以自己的文化价值为标准和依据去评论别人的行为，否则会产生文化偏见而导致民族中心主义。在倾听过程中，尽量不要打断对方，必要时以点头或者眼神等身体语言与对话者示意，最后让对方感到心理愉悦和满足。

社交的从容是指在跨文化交际中不显露焦虑情绪的能力。在跨文化交际中，难免会遇到各种各样的交际困境和交际压力，交际者应具有良好的心理素质，不慌乱、不焦躁，能够摆脱交际困境带来的各种焦虑症状，如流汗、颤抖以及言语不畅等，以比较泰然的心态面对各种交际难题。交际的从容也利于交际者利用以往的交际经验和生活经验，在困境中发挥潜力而急中生智，战胜交际障碍，达成交际共融。

跨文化敏觉力较强的人在与来自不同文化背景的人交流时能更快地适应陌生环境，更有自信心，更能够以客观的态度看待文化冲突，并认真专注地倾听交际对象的交际意图，从而更快速地调整自己去处理交际中出现的挫折，更从容地应对跨文化交际过程中出现的各种障碍，确保交际的顺利进行。

（二）跨文化认知能力

国内知名学者戴晓东在其论著《跨文化交际理论》中，把跨文化交际的第二个层面概括为认知过程，即跨文化意识。戴晓东认为，跨文化能力的认知过程主要涵盖自我意识和文化意识两个方面。自我意识是指交际者自我监控或对自己作为特定文化成员即文化身份的感悟，文化意识是指对影响人们如何思考与交际的文化规约的理解。所谓"跨文化意识"是指对不同民族、国家之间的文化现象、文化规约和文化模式等的洞察和理解，对文化之间关系的领悟，并根据所领悟的对方文化特点来调整自己的语言和思维，以及据此产生的跨文化自觉性。跨文化意识的基础和前提是跨语言能力,而跨文化意识是跨语言能力的深度体现和非言语呈示。交际者跨文化意识的形成意味着交际者完成从单一文化认同身份到多重文化认同身份的转变,交际者站在第三文化的高处观照世界各种文化,这样才能在千变万化的文化现象和千差万别的文化语境中应对自如而立于不败之地。

跨文化交际中的认知能力主要涵盖两个方面的内容,即语言能力和文化能力。其实用另外一种表述是,言语交际能力和非言语交际能力。这是因为在跨文化交际中,运用的交际方式包括言语交际和非言语交际两种,其中言语交际正是语言能力的体现,非言语交际能力的高低则建立在交际者对双方文化背景的深刻洞察和理解上,非言语交际中的体态语、环境语、客体语以及副语言等无不包含着丰富的文化信息,交际者只有具备良好的跨文化背景知识,才能很好地处理这些非言语信息,从而进行有效的交际。另外,言语交际中的盲区和误解常常存在,这些正是不同文化背景和文化内部系统迥异所致,非言语交际恰好弥补了言语交际的这种有限性和不足,两者相辅相成,使跨文化交际得以顺利进行,最后达到双方需要的交际效能。

三、跨文化行为能力

跨文化交际能力的第三个基本要素是跨文化行为能力,即跨文化交际的灵巧性,是强调交际者进行有效交际的技巧和能力。根据戴晓东的论述,跨文化交际的灵巧性是指交际者实施交际行为、完成交际目标的能力。跨文化交际的灵巧性涉及言语和非言语信息,它包括信息的传达、自我表露、行为的灵活性、互动的管理以及社交技巧等方面。交际灵巧性是交际能力的一种体现,它反映出交际者怎样调动有限的语言知识进行交际的水平。在跨文化交际中,如果交际者能够灵活有效地运用交际技巧,就会克服语言水平和文化水平的限制,从而达到交际目的。

传递信息的技巧是指交际者根据自己掌握的语言和文化知识,运用合适的交际策略和技巧,熟练地传达交际对方可理解的信息的能力。它要求交际者不仅具有熟练的语言功底和深厚的双文化底蕴,还要求在以往的交际经验中练就良好的信息传达技巧,这样才能尽量避免产生由信息误读和文化误解而导致的交际障碍,保证交际的顺利进行。信息传递的效率与自我表露技巧的高低有着紧密的关系。自我表露就是交际者在面对交际对象时,以恰当的方式向对方坦露自我心意和自我情态。这种表露在特殊的跨文化交际场合被流露和表达出来,具有很强的导向性,而非普通好友或亲人之间的随意表露,因此要谨慎表露、恰当示意,表露方式要显得贴切自然、不做作,要考虑对方的文化背景和语言水平,否则容易引起对方交际者的漠视或反感,甚至形成对交际者不利的刻板印象。同时,自我表露和信息传达的准确与否直接影响交际的有效性。得体的自我表露和准确恰当的信息传达也体现了交际者行为的灵活性。

交际行为的灵活性体现了交际者在各种交际场合中根据交际对象和交际时间不同而随机应变应对交际事务的能力,也体现了交际者交际策略选择的准确与迅速,同时交际灵活性也是交际敏觉力在行动上的体现和延展。有学者指出,高超的交际者能够运用灵活的言语提示,敏锐地捕捉对方的身份,并且适时做出调整,较快与对话者建立起良好的互动关系。

互动的管理是指交际者在交际中对互动局面的把握和控制,即在交际过程中,交际者适当控制交际节奏、说话顺序和交谈主题,适时地启动和结束对话。具有良好互动管理能力的交际者能够调动交际场景中的各个交际对象,把握好会话结构,根据自己和其他交际者的交际需求粗略设计和转换会话主题,不轻易打断别人,并认真倾听他者,最后实现交际者的交际意图,达到交际目标。

四、跨文化交际能力培养的途径

根据我们前面对跨文化交际能力基本要素的区别和分析,可以把跨文化交际能力的培养分为三个层面。第一个层面是在接触和了解他国语言和文化时,不断加强交际者的语言功夫,丰富其文化积累,克服交际过程中易出现的两大障碍,培养交际者的文化敏感性,以提高跨文化交际敏觉力。第二个层面强调对语言和文化的深层认知,增强对他国语言以及背后的隐性文化和价值观的理解,如西方文化价值观中的个性自由和独立竞争等,这些方面的理解和感悟有助于交际者在交际中策略的选择,针对对方文化的异质性以及个人特性,做到有的放矢。第三个层面是培养交际者灵活运用所学语言、文化知识应对和处理跨文化交际中出现的各种交际情景以及突发事件等，这是跨文化交际能力培养的最高层面和最终目标。要达到这一目标，必须培养交际者学以致用的能力，培养他们根据过去对外国相关文化的认知，积极参与跨文化交际实践，锻炼他们处理文化冲突的灵活性。由此可见，从跨文化敏觉力的培养到对语言和文化的深层认知再到跨文化交际实践行为的训练，这三个层面既有一定的递进关系，又相互融会贯通、相辅相成。

（一）培养跨文化敏觉力

关于交际者跨文化敏觉力的培养，首先要做的就是克服两大障碍。因为在跨文化交际初期总是存在一些交际障碍。其主要障碍之一是刻板印象。这些印象和看法可能是正面的，也可能是负面的。尽管大家都知道刻板印象不可取，但要做到完全避免却不容易。刻板印象忽视个体区别，一旦形成便不易改变。它僵化了交际者的头脑，使交际者不能客观地对待另一种文化，失去交际应有的敏觉力。在观察他国文化时，只注意与自己的刻板印象相符合的现象，而忽略其他更重要的差异信息。它妨碍交际者与不同文化背景的人相处，不利于顺利开展跨文化交际。因此，必须尽量克服由于刻板印象带来的负能量。对教师来说，在文化课上应尽量避免用带有刻板印象的话语，并提醒学生注意普遍文化概念下的个性差别。因为在跨文化交际中交际者首先面对的是交际个体，然后才是其背后的民族文化。不能因为对整个民族的刻板印象而影响了交际者对具体交际对象的判断和决策。跨文化交际中的障碍之二是民族中心主义，即习惯以自己民族的价值观衡量其他文化，从自己的文化角度出发，以自己的评判标准去评价对方交际者。一旦发现与自己的预期不同，就会对对方产生敌对情绪而引起文化冲突。有学者认为，所谓民族中心主义就是按照本族文化的观念和标准去理解和衡量他族文化中的一切，包括人们的行为举止、交际方式、社会习俗、管理模式以及价值观念等。社会中的每个人都无法避开民族中心主义，尽管我们努力克服隐藏在内心深处的民族中心主义，但是我们都成长在一定的文化环境中，文化早已融化进我们的心灵，指导着我们的行动，造成人们在观察别种文化时会不自觉地以自己的是非标准为依据，对于异质文化事物常会做出有失客观的判断。

跨文化认知是指交际者对他国具有独特风格和内涵的文化要素及文化特质等方面的认识和了解，其本质就是学习与把握异国文化。文化认知过程随年龄的增长会不断变化。培养跨文化认知能力不仅包括培养交际者的跨语言交际能力，还包括培养交际者的跨文化交际能力。语言交际与文化交际是不可分割的，语言交际是文化交际的一部分，它为文化交际服务并反映着文化交际。跨语言能力和跨文化能力也是相辅相成的。跨语言能力除了包括对目的国语言的巧妙选择和熟练运用外，更重要的是对语言背后文化的解读和参悟，也就是在语言教学中渗透文化分析，培养学生逐渐深谙他国语言背后与自身语言不同的文化密码，以利于交际语言的选择和交际的顺畅。培养跨文化认知能力首先要加强交际者的语言能力，在跨文化能力培养中，要使语言学习与文化学习齐头并进，在输入语言基础知识的同时，也不忘相关文化知识的输入，从而加强学生对文化差异的熟识、理解和评判，以提高学生对文化差异的敏感性和跨文化意识。语言能力主要体现在用词、句子陈述与主题选择的适当性上。

在跨文化交际语言能力的培养上，首先应该重视的是词汇层面。词汇是语言的基石，也是很多学生学习语言的难点。每种语言的词汇中都蕴含着丰富的文化信息，是该语言中最活跃的成分，也是文化最精密的汇聚点。词汇本身的新陈代谢映射了相关文化的发展信息。因此，教师在单词讲授的过程中，穿插一些跨文化交际知识，既利于培养学生的跨文化交际意识，又让枯燥的词汇学习变得生动有趣。讲解词汇时利用相关的谚语、典故、名句等融入课堂就不失为一种有效的方法。

除了词汇学习以外，句子陈述的跨文化培养也很值得重视，在句子讲解的时候，不但要讲解此种句子的语体风格适合在什么场合下使用，还要分析这种句子适合用在什么身份的交际对象上。句子的语气也是举足轻重的，如请求语气的句子适合于与长辈说话或者请别人帮忙时，而命令语气的句子则是用在命令下属或者与孩子说话时。如果没有掌握两种句子的区别而把语气用反了，在跨文化交际中就很容易引起不必要的文化冲突。

另外，句子通顺与否、语法是否正确等也是教学中需要注意和训练学生的部分。在语法学习过程中，要注意比较外语语法与汉语语法的异同点，不要受汉语思维特点的制约，同时在学习语法结构时，要强调其文化和交际功能。比如，"Lovely day, isn't it？"只是英美国家的人发起话题的常见语句，实无疑问。"Would you please turn off the light？"不表"问"而是表"请求"。西方人提出的请求常用问句，以示礼貌，倘若长辈对晚辈或熟人之间可用祈使句。

最后，谈话中主题选择的适当性同样不容忽视，这也是对语言应用能力的一个综合性考验。在拥有了词汇层面和句子陈述等方面的跨文化交际基本能力后，交际中的谈话主题是否得当、是否符合交际双方共同的交际需求、是否能引起交际双方的共鸣、是否需要继续深入谈下去还是转换为更有价值的主题，这些都需要学习。教师应在教学中通过具体的教学情景的设置、相关教学视频的播放、适时的训练，引导和鼓励学生在跨文化对话中对谈话主题进行恰当选择和适时转换。

培养跨文化认知能力除了要培养交际者的跨语言认知能力外，还要培养其跨文化认知能力，即跨文化意识。培养跨文化意识的第一步就是要让交际者从观念上消除偏见和歧视，认识到文化没有优劣之分，以平等的心态对待各个国家的文化和人民。培养跨文化意识的第二步就是拓展交际者的跨文化知识和眼界，树立多元文化心态和宽容的文化态度。培养跨文化意识可以通过以下途径来实现：①在语言学习的听说读写译各种技能训练中培养跨文化意识。首先，通过阅读外文资料感悟外国文化。在阅读中，多了解他国的科技、地理、历史和风俗等，熟悉他们的表达方式和风格，消除因文化知识不足而导致的理解障碍。其次，在外语听力中领悟他国文化。听力材料一般都是模拟的真实对话情景，因而听力训练过程就是一个跨文化意识培养的过程。教师要让学生知道在交际中哪些话题应该避免，如年龄、婚姻、薪水以及家庭住址等私人话题。再次，在听的基础上教师要鼓励学生积极发言，主动参与到跨文化交际活动中，以提高自己在跨文化交际中的表达能力。最后，通过写作提升外国文化知识的内化和运用。在写作中，学生要充分意识到中外文化的差异，让人体会到流畅、地道、连贯的外语文章，从根本上提升跨文化交际的综合能力。②在外语活动中体验外国文化，主动结交各国朋友。例如，参加外语角、学唱外文歌、看影视剧以及编演外语剧等活动。在这些活动中，学生身临其境地体验真实的外国文化，了解他们的风俗文化和民族禁忌。同时，教师应帮助学生分析自己的文化中哪些方面对自己有利、哪些不利，然后再分析目的语文化，分析其中哪些方面我族容易适应，哪些不易适应却易引起文化冲突，从而有意识地改变自己的行为模式，以利于跨文化交际目标的实现。③在各种旅行活动中，主动积极地营造跨文化交际的机会。总之，我们对文化差异了解越多、体验越多，越容易对他国文化采取接受和宽容的态度。同时，移情也有利于培养对文化差异的宽容性，我们一旦能从对方的角度考虑问题，就已经具有很强的跨文化意识了。

（三）培养跨文化行为能力

其实，无论对跨文化敏觉力的培养，还是对跨文化认知能力的培养，最终都是为了使交际者在跨文化交际中能够进行灵活交际，也就是跨文化行为的灵活性，这三者不是彼此截然分开的，而是互相依存的关系。跨文化敏觉力的培养包含跨文化认知能力和跨文化行为能力，而跨文化认知能力的培养中也融入了跨文化行为能力，而跨文化行为能力的培养势必以跨文化敏觉力和认知能力的培养为基础，并且是对这两种能力的一种巩固和融合。

跨文化行为能力，即跨文化行为的灵活性，是跨文化交际能力的核心要素。它首先包括交际者能够根据交际双方的文化背景和个性特点，灵活地调整自己的交际策略和行为，尽量向对方的交际规则靠近（以不违反自己的交际原则为前提），减少差距，营造和谐的交际氛围。同时，灵活处理因文化差异而引起的文化冲突，在处理冲突时，交际者要善于运用恰当的语言阐述自己的文化困惑，介绍本族文化行为规范，弄清对方的文化习俗，找出冲突的解决途径，达成共识，完成交际任务。根据美国学者陈国明在《跨文化交际学》中所述，跨文化行为能力包括信息传达技巧、自我表露技巧、行为的灵活性、互动管理以及认同维护技巧等五个方面。当学生学习了跨文化行为能力的五个要素之后，教师分阶段、有层次地组织跨文化实践是培养学生跨文化交际行为能力最有效的途径。

1. 跨文化交际角色扮演

首先，角色扮演是教师在条件有限的情况下，采取的一种跨文化虚拟实践，角色扮演可以分成两人组角色扮演及多人组角色扮演。两人组角色扮演要求两人分别扮演不同文化国的两个具有一定职业身份（或者学生身份）的交际者，模拟一个实际生活或工作场景，设定基本交际流程主线，留出适度自由发挥的空间，完成一定的交际任务。多人组角色扮演除了在交际者人数上有所增加外，还可以分为两个文化国或多个文化国之间的跨文化交际。多个文化国交际背景相对复杂些，因此多人组角色扮演应该在两人组角色扮演训练到一定程度的时候开展，学生能阶段性地增强跨文化行为能力。角色扮演的目的在于让学生经由模拟的过程，面对并尝试解决跨文化交际中可能碰到的问题和障碍，通过信息传递、自我表露、互动管理以及移情等行为的训练，提高跨文化交际行为的技巧，增强跨文化行为能力。这个方法的优点在于把学生从旁观者变成参与者，使他们能够在模拟的跨文化环境里亲身体验另一种或多种跨文化交际。

2. 跨文化交际互动实践

组织本校留学生和受训中国学生进行实际的跨文化交流，布置一定的交际任务，根据交际任务需求提供交际场所，并提醒中国学生注意跨文化交际能力五个方面的技巧，通过见面、认识、交流过程，教师观察学生在交际中的困惑、问题、冲突以及解决问题时学生表现出的焦虑或灵活行为。同时，可以在学生不知晓的情况下把他们的交际行为摄录下来，在课堂上回放，有些交际失误的学生会在观看中意识到，有些需要教师给学生做出讲解，这样一个学期组织几次交际实习，每次针对不同的重点交际问题进行现场交际，学生的实际交际行为能力自然会得到提升，交际行为更加灵活，交际效能会更高。在互动过程中尽量使用描述性、支持性的讯息。描述性的讯息指使用不妄加判断的态度，给对方明确、具体的回馈，支持性的讯息指沟通时同意或支持对方的看法并以点头、注视等动作技巧赞同对方论点的能力。互动实践的优点是来自异国的交际者比本国角色扮演者能够带来更真实完整的异国文化讯息和行为形态。

中国与世界的跨文化交际日益频繁，除了和跨文化学习者进行一定的跨文化交际实践外，教师和高校还应该多鼓励学生积极参加国际会议或跨国活动，尽可能给学生提供相关方面的信息和机会，以增加学生跨文化交际实践的机会，让学生在实践中去体验和认知文化差异，进一步有效提高自身处理文化差异的灵活性。这些建议的实施必然能促成学生的跨文化交际能力和综合文化素质的实质性提升。

跨文化交际能力的形成有其阶段性、层次性，因此跨文化交际能力的培养也不是一蹴而就的，而是由表及里、由浅入深，不断发展、深化的过程。教师要针对不同层次设计不同的教学方法和侧重点。

第六章　跨文化交际中言语交际能力与思维模式

第一节　英汉语言中的语义文化差异

通过英汉两种语言的比较研究，我们认为影响英汉两种语言的文化差异主要有以下四个方面：语义文化差异、语法文化差异、语篇文化差异和语用文化差异。

何谓语义？语义是客观世界通过人类思维在语言中的反映。A. J. Ayer 对语义的释义如下："一个句子，对某个人来说，只有当他知道如何去验证该句子试图表达的命题时才会有实际语义。"语言学家凯普森认为，词的意义取决于它对句子意义的贡献，而句子的意义取决于词和把词联结成句子的语法关系。由此可见，在英语中，句子是能够表达完整意义的语法单位，语篇是由一个或几个句子组成的"语义"单位，语义的确立有赖于词、句所依托的情景，即句子、语篇。

从横向的、跨文化的角度来看，语义的差异反映了不同文化价值观念的差异。语言总是在一定的语境中运用，并在情景中起一定的作用，语言与情景之间的关系密不可分。情景既包括讲话者的环境，如讲话内容、参与者、讲话媒介等，又指语篇内的环境，即上下文。社会文化通过各种具体情景语境来表现，情景语境制约着对意义系统的选择。在不同的情景下，同一个词会有迥然不同的意义。语篇是在情景语境的制约下通过对意义的选择生成的。现代英国语言学派创始人 Firth 说："每个词在不同的上下文中会成为含义不同的另一个新词。"请看 power 一词的例句：

（1）I will give you all my help within my power. I will try my best to help you.

我会尽力帮助你的。（生活用语）

（2）Which political party is in power now?

目前哪个政党是执政党？（政治用语）

（3）What is the power of this engine?

这台发动机的功能有多大？（物理用语）

（4）27 is the third power of 3.

27是3的立方。（数学用语）

可见，英语词义比较灵活，词的含义范围较宽、较为多变，词义对语境的依赖性比较大；而汉语词义比较严谨，词的含义范围比较窄、比较精确固定，词义的伸缩性对语境的依赖性比较小。请看下列两个句子：

（1）He is the best student in his class and he is now getting better and better.

（2）He is the worst student in his class but he is now getting better and better.

两个句子中的better由于上下文不同，所依赖的具体语境就不同，因而词义和意义各不相同。句（1）中的better表示越来越优秀，而句（2）中的better则属于差的范畴。

一、联想意义的产生对语义的作用

词的文化联想是文化集团根据自己对某一事物的认识而产生的联想。在文化联想中很多人可以想到事物醒目的特征、习性、传说、与文艺的关系、历史事件以及文化集团中与之有关的社会风俗等。文化联想有属性联想和习惯联想两种。

1. 属性联想

属性联想主要指从客体属性方面产生的联想。有些事物由于普遍具备某种明显属性，在不同的语言中就会有相同的联想意义，如汉语中的"狐狸"和英语中的 fox 都会让人产生"狡猾"的联想。不同集团所接触的客体若属性不同，那么对这一客体的联想意义就有所不同。汉语的"东风"预示着春天的来临，而英国人却偏爱西风，因为在英国，东风从欧洲大陆吹过，代表着寒冷，西风则给英伦三岛送去温暖，带去春天。因此，汉语常常有赞美东风的文句，而英语却不乏歌颂西风的诗篇，雪莱的《西风颂》就是最好的例子。

2. 习惯联想

有些人一说到"乌鸦"就感到晦气，原因是曹操赤壁之战前所作的《短歌行》中有"月明星稀，乌鹊南飞，绕树三匝，何枝可依"之句，接着在战役中大败。后人认为诗中提到的"乌鸦"是凶兆，自此便忌讳乌鸦。中国人自古以来受诗词的熏陶，对"垂柳、杨柳"有一种诗情画意的联想。willow 在英国人心中则没有这层含义和联想，"垂柳"的英语表达是 weeping willow，weeping 是"下垂的"意思，同时有"哭泣"之意。因此，英国人对垂柳的钟爱远远不及中国人。汉语说"吹牛"，英语叫 talk horse，因为中国文化起源于农业，与耕牛关系密切；西方文化源于游牧，与马关系密切，即使犁地也是用马，而不用牛。汉语中有很多与牛有关的词语，如"老黄牛""牛脾气""牛角尖""对牛弹琴"。英语中带马的词语很多，像 work like a horse（像牛一样地干活）、as strong as a horse（力大如牛）、a willing horse（认真工作的人）、hold one's horses（沉住气）等。

二、语义演变与价值观念演变

从历史的角度看，语义的演变与文化的沿革息息相关。陈原先生在《语言与社会生活》一书中指出，语言中最活跃的因素——词汇，常常最敏感地反映了社会生活和社会思想的变化。汉语中"老板"曾是带有明显贬义的称呼，有"剥削者"的嫌疑，如今在经济改革的大潮中，"老板"成为广大人群十分羡慕的字眼。boy scout 原义为"童子军"，现带有贬义，表示"幻想而不切实际的人"。这些词语内涵的改变都折射了社会生活的变迁，成了时代变迁的风向。

三、语义文化差异交际的影响

美国著名语言学家爱德华·霍尔于 1976 年提出了强交际环境文化（high context culture）和弱交际环境文化（low context culture）的概念来区别不同文化中交际对环境的依赖程度。根据爱德华·霍尔的观点，在强交际环境的条件下，人们交际时，有较多的信息量或蕴含在社会文化的环境和情景中，或内化于交际者的心中；相反地，明显的语码则负载较少的信息量。也就是说，强交际环境文化中的人们对微妙的环境提示较为敏感。而弱交际环境中，交际过程中所产生的信息量大部分由显性的语码负载，相对地说，只有少数的信息蕴含在隐性的环境中，在弱交际环境文化中的人们习惯侧重语言本身的力量来进行交际。东方文化属于强交际环境文化，西方文化属于弱交际环境文化。

1. 语义同义关系

语义同义关系也称为语义相同（sameness of meaning）。句子中间的同义关系则称为释义关系（paraphrase），如 He loves his parents 与 He loves his father and his mother。同义关系是语义关系中最普遍、最重要的一种。

汉语中的我、鄙人、在下等均指第一人称单数，它们在用法上的差异在于说话者与听话者之间相互关系的不同，而不是语义上的不同，所以语义不能与用法等同。

2. 语义相近关系

在一组词中，如果所有词的词义成分中有一个共同的成分，就叫作语义近似。汉语中的姨（aunt）、姐妹（sister）、尼姑（nun）、女人（woman）、女演员（actress）、母牛（cow）等，这些词不是语义全部或主要部分相同，而是在语义的某一特性上相同或近似，都是"女的或雌性的（female）"，又如叔叔（uncle）、兄弟（brother）、和尚（monk）、男人（man）、男演员（actor）、公牛（ox）等，它们的语义特性都是"男的或雄性的（male）"。

3. 语义差异关系

这是与"语义相近"相对的关系。英语的 dog、tree、car、girl、aunt 的相似处在于它们都是实物（object），而 shadow、mirror、image、reflection、lap

等词的相似处在于它们都是影像（image）。这两组词之间的差异是"实物"与"影像"的差别。

4. 反义关系及对比关系

在我们日常的观念中，① young/old，hot/cold；② dead/alive，married/single；③ parent/child，husband/wife；④ go/come，up/down；⑤ north/south，spring/winter，morning/evening，Sunday/Saturday 等都是反义词，但它们之间的关系并不一样。例①表示的是反义关系，在语义学中又称为可分级反义词（gradable antonyms），例②这些词称为双分反义词（binary antonyms）或互补词（complementariness），它们是不可分级反义词；例③和例④为对立词（converses），又可称为关系反义词（relational opposites）；例⑤可通称为多项不相容词（semantic incompatibles），表示的是对比关系（contrastingness）。

5. 下义关系

英语词 finger—thumb、organ—liver、human—boy、dwelling—cottage 均属下义关系。这种关系又称语义内包关系（meaning inclusion），即一个语言符号的意义包括在另一个语言符号的意义内的一种关系。finger 为上义，thumb 为下义，因为 finger 包括了 thumb 的词义成分。与之相应的句子关系叫蕴含关系（entailment）。例如，① The car is red. 句子中的 red 含有句子② The car is colored. 中的 color 的词义，我们就说①与②的关系是蕴含关系。

6. 歧义现象或模糊现象

在 I've found the button. 这一句中，button 一词可以有两个不同的意义：①纽扣，②按钮（电器开关）。故这个句子既可译为"我找到了那颗纽扣"，又可译为"我找到了那个开关"。因此，这个句子的含义模糊。除了因一词多义或语法关系造成歧义现象外，还有由于所指不明确而造成的模糊现象。例如，It was too hot to eat. 可有不同的理解：① it 做无人称代词，表示天气，此句可理解为"天太热，不想吃东西"；② it 可指某样食物，如烤鸡，那么此句可译为"鸡肉太烫了，不能吃"；③ it 指某物，如一条狗，那么此句也可理解为"这只狗感到太热，吃不下东西"。这种由于不明确而引起的模糊现象，我们称之为不明确现象。

第二节 英汉语言要素与跨文化交际

一、英汉两种语言文化差异概述

英语和汉语属于两种不同的语言体系。英语属于印欧语系,汉语则属于汉藏语系。两者在语言、语义、修辞、词序、词的构成、词性变化、句法结构等方面存在着很大差异;双方历史、文化背景不同,地理环境、风俗习惯及社会制度也存在着很大差别。正是这些差异和差别决定了中西方各具民族特点的文化,进而决定了受不同文化熏陶的人的思维习惯、审美情趣等。英汉两种语言不但承载着不同的民族文化特色和文化信息,而且与文化传统紧密相连、不可分割。现从文化传统和风俗习惯、地理环境和思维方式以及价值观和审美情趣等几个方面对英汉两种语言的文化差异进行比较。

(一)文化传统和风俗习惯

由于历史、地域、文化背景、风俗习惯的不同,中国人和西方人往往对同一事物的思维、理解、看法不尽一致,甚至有很大差异。因此,不同的文化传统语言承载的信息感应不可能等效,因而绝对不能简单地对号入座,要讲究语用意义对等,即从语用学的角度考虑,遵循交际中的合作原则,包括礼貌原则、策略原则、满意原则和呼应原则等。

1. 称呼

中国人的生活词典以"尊"字当先,一开口少不了"兄弟、哥哥、姐姐、叔叔、伯伯、大娘"之类的称谓,尤其是对待年长者。可是外国人对这点看得很淡,除了自己的亲戚外,他们不会轻易加敬称。若你加了,他们会感到非常不舒服,或许还会产生错误的想法。同样是问路,中国的孩子会说:"老奶奶,请问去邮局怎么走?"美国的孩子会说:"Excuse me, will you tell me the way to the post office?"

2. 打招呼

中国人见面打招呼常用的几句话是:"您吃了吗?""您去哪儿?"这两句话在中国文化中没什么具体含义,只是一种礼节性的打招呼的方式,相当于英语中的 Hello 或 Hi。前一句如按字面意思译为 Have you eaten yet？往往使外国人误以为你想请他们吃饭。再如,后一句译为 Where are you going？或 Where have you been？外国人听了会不高兴,认为你有干涉别人私事之嫌。英语国家的人打招呼通常以天气、健康状况、交通、体育以及兴趣爱好为话题,如我们非常熟悉的英语句型 How are you？

现将中国人和英语国家的人初次交往的禁忌归纳为"七不问",即不问对方年龄（age）、收入（income）、体重（weight）、宗教信仰（religion）、婚姻状况（marriage）、吃了吗（Have you eaten yet？）和去哪儿（Where are you going？）。

3. 赞扬与答谢

在英美国家,赞美也是人们交谈的话题,赞美的内容主要有个人的外貌、新买的东西、出色的工作或取得的好成绩等。对别人的赞扬,他们最普通的回答是 Thank you！而中国人总爱抬高别人贬低自己。例如,听到老外赞扬 You look very beautiful today,没有经验的中国人通常会直译回答:"哪里,哪里。"或"你过奖了。"英美国家的人会被这种回答弄得莫名其妙。

一般来说,中国人在家庭成员之间很少用"谢谢！"如果用了,听起来会觉得很怪,或相互关系上就有了距离。而在英美国家"Thank you！"几乎用于一切场合的人际交往,即使在父母与子女、兄弟姐妹之间也不例外。当别人问道:"Would you like something to eat/drink？"我们通常客气一番,说:"不用了！""别麻烦了！"等。按照英美国家的习惯,你若想要,就不必推辞,说声"Yes，please"；若不想要,只要说声"No，thanks"就行了。这也充分体现了中国人含蓄和英美国家的人坦率的不同风格。

二、地理环境和思维方式

人类赖以生存的地理环境包括四个重要方面:位置、气候、地形和自然资源。

一定的文化实体总是存在于一定的地域空间内，不可避免地要体现该地域的自然面貌特点，反映到语言上就会使语言之间产生明显的差异：地理位置决定了当地的自然条件，特别的自然环境和条件对人们的心理、思维和行为习惯等造成了一定的影响，这一影响在语言中的体现非常直观。从历史传统和现实生活来看，英语民族长期过着航海生活，因而英语中与大海、航海相关或源于航海的词语比比皆是，如a sea of troubles（无穷的麻烦）、follow the sea（当水手）、keep one's head over water（奋力图存）、hoist your sail when the wind is fair（好风快扬帆）等。从这些例子可窥见"海"字的踪影。这些词汇或句子在以大陆文化为根基的汉语中就没有对应词。

土地对任何国家都至关重要，所以汉语中有许多与"土""土地"有关的词语，如土崩瓦解（collapse like a house of cards）、土生土长（locally born and bred）、土里土气（rustic）等。在比喻花钱浪费、大手大脚时，英语的表达是"spend money like water"，汉语则是"挥金如土"。

汉语中有许多关于山川、四季、农耕等方面的习语，如"山重水复疑无路，柳暗花明又一村"（The hills and streams have no end, there seems to be no road beyond; but dim with willows, bright with followers, another village appears），"一日不见，如隔三秋"（A day's separation seems as long as three years）。英语中的As you sow, so you must reap（种什么，收获什么），不如汉语的"种瓜得瓜，种豆得豆"那么具体。

受长期农耕文化的影响，汉语中形成了"民以食为天"（People regard food as their primary want）的传统，产生大量与此有关的习语，如"吃饱了撑的"（be restless from overeating-have so much surplus energy as to do sth. senseless）、"吃不了，兜着走"（get more than one bargained for; land oneself in serious trouble），"吃里扒外"（eat sb's food and cater to his enemy）、"吃软不吃硬"（susceptible to persuasion rather than coercion）等。这些说法或表达在英语中比较少见，必须按照它们的实际含义根据上下文来翻译。

由此可见，汉英两种语言在地理方位和农耕表达上的差异同样反映出不同的文化内涵。只有了解了这一差异，我们才能创造某种"异国情调"恰当地进行语言转换。

三、价值观念与审美情趣

价值观念包括伦理道德、意识形态、宗教信仰以及风俗人情等可以作为"为人处世"准则的观念，一般被认为是特定文化和生活方式的核心。这方面的差异表现在汉英两种语言上有时十分明显，有时相当隐晦。作为文化构成的深层因素，它既是社会文化的组成部分，又是社会文化因素在人们心中长期渗透、积淀的结果，持久地影响着人们的态度、需要和行为方式。

（一）亲属关系

中国素有"礼仪之邦"之称。在数千年的文明史上，由于长期的农耕生活方式和儒家"长幼尊卑"的观念，中国文化形成了自己的一套道德规范和礼仪准则，其各种亲属关系和社会关系被规定得非常清楚和严格，如"伯父""叔父""舅父""姑父""姨父"这一组词指称父母同辈的男性亲属，不能混淆。这些亲属"亲疏有别，权利义务不同"，不加以区分是不行的。而对具有长期商业传统、推崇个体主义文化价值的英语民族来说，亲属关系和社会关系就没有中国传统文化那么清楚和严格，如英语中对非直系亲属，长一辈的一律称为 uncle 或 aunt，小一辈的叫 nephew 或 niece，而同辈人不分男女，一律称 cousin，这与丰富的汉语亲属名词相比简单多了，但对中国人来说简直不可思议，因为汉语中不仅要分清男女、长幼，还要讲究"堂""表""血亲""姻亲"之别，也要弄清"姑表""姨表""舅表"等辈分和其他亲属关系。在英美等西方国家，孙子和爷爷可以相互直呼其名，以示亲昵。但在中国直称长辈姓名是不礼貌的。

（二）审美观念

不同的民族有不同的审美观念，这一点同时反映在不同民族的语言中。"猫头鹰"（owl）在西方文化中是"聪明""智慧"的象征，如 as wise as an owl；而在汉语中，它是一种不祥之鸟，听到猫头鹰叫，人们认为会有灾难降临。"蝙蝠"在中国文化中因其谐音为"福"而被视为"福"鸟，但在西方文化中却是邪恶的象征。喜鹊在汉语文化中会引起"喜讯到来"的联想，如"喜鹊报喜"；而在西方文化中没有如此联想。"蜗牛"（snail）在美国是吉祥幸福的象征，在客人临行时送蜗牛，含有慢慢走、祝你一路平安的意思，而汉语则没有此意。

各种语言都有用动物进行比喻的习语，英汉两种语言也是如此。最典型的莫过于对"狗"的态度。狗（dog）忠实于主人，这种特性引起西方人对狗的好感，视狗为宠物，用来喻指人时多为褒义，如 top dog（重要的人）、Every dog has his day.（人人皆有得意时。），还有 Love me, love my dog.（爱屋及乌。）；而在中国人眼里，狗的忠实特性却有"仗势欺人""为虎作伥"之嫌，在汉语里用"狗"比喻人时多带贬义，如"狗咬吕洞宾，不识好人心"，鲁迅先生的"痛打落水狗"更为人们所熟悉。英语中"You are a lucky dog"是赞叹"你真是个幸运儿。"若直译为"你真是只幸运的狗"，在中国人眼里肯定是不会引起美好、愉快的联想的。

三、英汉两种语言的语法文化差异

语法是语言结构的法则,包括词的构成和变化规则以及组词成句构篇的规则。众所周知，语言是人们进行交际、思维的工具。在同一民族内部，人们可能会因为年龄、性别、职业和各自所处的社会阶层的不同而使用不同的语汇表达各自的思想，但在语言的表达方式和手段上都认同并遵循同样的法则。这些语言规则是一个民族长期沿袭下来的言语表达习惯，是民族思维方式或程序的反应，是思维长期抽象化的结果。它的形成极其复杂。研究一个民族语言思维的规律，可以从一个侧面窥视出一个民族的心理特征和认知特征。从这个意义上说，语法反映了一个民族的意识和语言个性。我们试图对比分析英汉两种语言的语法和构词方法，从一个侧面揭示英汉两个民族在思维与表达方面的某些文化特点。

英汉两种语言属于不同的语言类型，有不同的形态结构模式。汉语属于分析型语言，没有形态变化，其语法关系主要靠词序和虚词表达。英语属于屈折型语言，靠词的形态变化表达语法意义，词序比汉语灵活，但相对固定，虚词很多，用得相当频繁。

形态变化、词序和虚词是表达语法意义的三大手段。这些语法手段在英汉两种语言中具有不同的特征。

（一）英语有形态变化，汉语没有严格意义的形态变化

所谓形态变化，即词的形式变化，主要包括构词形态和构形形态两个方面。

1. 构词形态

构词形态，即起构词作用的词缀变化（affixation），包括大量的前缀（prefix）和后缀（suffix）。英语的词缀数量多，种类齐全，灵活多变，常常一缀多义。汉语利用词缀构词仍处在发展中，不论数量或种类都不及英语。下列同义句的英汉表达方式的差异生动地说明了这一点。

He moved astonishingly fast.

他行进的速度快得令人惊讶。

He moved with astonishing rapidity.

他行进的速度之快，令人惊讶。

His rapid movements astonished us.

我们对他的快速行进感到惊讶。

英语通过词形变化，改变词性，用这些词灵活组句，可以表达一个几乎相同的意思，汉语没有词形变化，就难以用那么多的句式表达同样的意思。英汉互译时，往往要改变词性、转换同类，才能通顺地表达原意。

2. 构形形态

构形形态，即表达语法意义的词形变化。例如：

I gave him a book. 我给他一本书。

He has given me two books. 他已给我两本书。

His father often gives him books. 他爸爸常常给他一些书。

汉语中的"我""他"没有形式变化，同一个词可以表示主格、宾格或所有格；"书"没有形式变化，可以表示单数或复数，动词"给"也没有形式变化，可以表示现在、过去或已完成的行为。但英语对应的词 I、me、he、him、his、books、gives、gave、has given 却有形式变化。

英语的动词、助动词和情态动词常常结合起来，运用其形态变化，表示动

词的时态、语态和语气。汉语没有这类变化，时态、语态和语气有时虽可借助一些半独立的词语来表示，但多数隐含在句中或上下文里。例如：

They told me that by the end of the year they would have been working together for thirty years.

他们告诉我，到（那）年底，他们一起工作就有三十年了。

New factories are being built all over the country.

全国到处都在兴建新工厂。

现代英语的形态变化主要是动词、名词、代词、形容词及副词的变化，以及上述的词缀变化。这些变化有性、数、格、时、体等。有了这些变化，一个词或词组常常可以同时表达几种语法意义，如从词的形态判别它的词类、在句中的作用与其他词的关系等。汉语没有形态变化，一般要通过借助词语、安排词序、隐含意义或用其他办法分别表达语法意义。

（1）Thus encouraged, they made a still bolder plan for the next year.

（由于）受到了这样的鼓励，他们为第二年制订了一个更大胆的计划。（过去分词短语 thus encouraged 含被动意义，做状语，表示原因；形容词的比较级 bolder 含有与过去相比的意义。）

（2）I regret not having taken her advice.

我后悔没有听她的劝告。（not having taken her advice 是动名词短语完成式的否定形式，做动词的宾语。）

（3）The book is said to have been translated into many languages.

据说此书已译成多种语言。（双重被动式，其中 to have been translated 是不定式完成式的被动语态。）

汉语的数量助词（如"们"表示复数）、动态助词（如"着""了""过"表示动词的体）与结构助词（如"的""地""得"表示定语、状语与补足语），虽类似于英语的形态变化，但这些成分的使用在汉语里通常缺乏普遍性：有的场合一定要用，有的场合可用可不用，有的场合甚至不能用。英语形态变化的使用有严格的规则，往往带有强制性。例如，汉语可以说"学生们"，但在"两个学生""他们是学生"中，却不需要加"们"，而在英语中，以上情况

student 都要加 s。

（二）英语词序比较灵活，汉语词序相对固定

形态变化与词序有密切的关系。形态变化越多的语言，词序越灵活。英语的语法意义可以通过词序或虚词表达，在许多情况下也可以用形态标志表示。形态、词序和虚词这三大语法手段互相配合或交替运用，使英语词语和从句的位置比汉语灵活。

1. 英汉句子的倒装

英汉句子的主要成分如主语、谓语动词、宾语或表语的词序基本上相同，一般都是主动宾（表）。但与汉语相比，英语词序倒置的现象比较多。福勒将英语词序的倒装现象归为九类：

（1）Interrogative inversion（疑问倒装）

What in the world do you mean?

你的意思究竟是什么呀？

（2）Imperative inversion（命令倒装）

Come you, everybody!

大家都来吧！

（3）Exclamatory inversion（惊叹倒装）

What a beautiful voice you have!

你有多么好的嗓音啊！

（4）Hypothetical inversion（假设倒装）

A pair of black eyes might have done some execution had they been placed in a smoother face.

一对乌溜溜的眼睛如果长在一副更细净的面庞上，就足以迷人了。

（5）Balance inversion（平衡倒装）

Inexpressible was the astonishment of the little party when they returned to find that Mr Pickwick had disappeared.

当这一伙人回来发现 Pickwick 先生不见了的时候，那惊愕之态简直无法

形容。

（6）Link inversion（衔接倒装）

Such are the rewards that always crown virtue.

这样的报酬常常是美德所应得到的。

（7）Signpost inversion（点题倒装）

By negation is meant the denial or absence of facts.

否定是指否认事实或不存在的事实。

（8）Negative inversion（否定倒装）

Not a finger did I lay on him.

我从没有指责过他。

（9）Metrical inversion（韵律倒装）

Good friend, for Jesus' sake, forbear.

好朋友，看在耶稣的份上，请你住手。

To dig the dust enclosed here.

别来挖掘这块土丘。

Blessed be he that spares these stones.

那肯保存这几块石头的，但愿他添福添寿。

And curst be he that moves my bones.

那要来打扰我的骸骨的，但愿他挨骂挨咒。

这些倒置现象，部分是由于语法的要求，部分是出于修辞的需要。英语词序能够如此灵活倒置，形态变化和运用丰富的连接词是两个重要原因。汉语缺乏形态变化，少用或不用连接词，词序相对固定。除了诗词或某些惯用的句式外，汉语语序的改变大多是把宾语提到动词或主语之前，从而引起宾语句法功能的改变，如"她文章写得好""酒他喝得太多"。英语有结构性倒装（structural inversion），也有功能性倒装（functional inversion），汉语则功能性倒装居多。英语形态变化规则要求句中词语之间保持语法关系一致（grammatical concord），有了这种一致的关系，词语之间只要前后呼应，就容易灵活安排。

2. 英汉句子的定语位置

汉语的定语一般在名词的前面，而英语的定语在许多情况下可以通过形态变化或借助连接词置于名词的前后，位置比较灵活。例如：

（1）a very important question

a question of great importance

一个很重要的问题

（2）at an unprecedented speed

at a speed unprecedented

以空前的速度

英语的修饰词和被修饰词有时借助形态变化或连接词还可以相互转化，从而改变其修饰关系，汉语则往往不能有类似的转化。例如：

（3）Her sparkling eyes betrayed her great excitement.

The sparkle of her eyes betrayed her great excitement.

她闪亮的眼睛说明她非常激动。

英汉两种语言的定语一般都紧挨着名词，但英语的定语有时可以远离名词，借助语法关系前后一致的原则，中间插入一些别的词语。这种情况若不细加分析，往往导致误译。

The second aspect is the application by all members of society, from the government official to the ordinary citizen, of the special methods of thought and action that scientists use in their work.

第二方面是使用科学家在工作中所运用的特殊的思想方法和行动方法。社会所有成员，从政府官员到普通百姓，都要使用这些方法。

汉语没有形态变化，少用甚至不用关联词，没有定语从句，名词之间的定语也不宜太长。英语借助形态变化、丰富的关系词和其他连接手段，定语可以前置，也可以后置，后置的短语和从句可以很长。例如：

An element is a substance that cannot be broken down into simpler substance by ordinary chemical means.

元素是一种物质，这种物质不能同一般化学方法再分解成更简单的物质。

翻译英语定语时，必须根据原文的意思和汉语的习惯灵活处理。即使是翻译英语的单词定语，有时也要改变其位置，转换成汉语的谓语或其他成分，因为汉语不习惯在名词前面用过多的定语，尤其是在口语里。例如：

She had such a kindly, smiling, tender, gentle, generous heart of her own.

她心地宽厚，为人乐观，性情温柔，待人和蔼，器量又大。

3. 英汉句子的逻辑思维

英语常用包含许多修饰成分或从句的复合句或长句，句中各部分的顺序比较灵活。汉语表达同样意思时，主要借助词序和虚词，常见短语、分句、流水句，按照一定的时间和逻辑顺序，有先有后，有主有次，逐层叙述。这些英汉句子里的语序常常不同，甚至完全相反。一般来说，句中若有叙事部分和表态部分，英语常常是表态部分（判断、结论等）在前，叙事部分（事实、描写等）在后，即先总提后分述，或先讲结果后追叙过去，汉语的顺序往往相反；句中若有长短部分，英语常常是先短后长，即头轻脚重，汉语的顺序则往往相反，汉语的时间顺序和逻辑关系常常按照由先到后、由因到果、由假设到推论、由事实到结论这样的次序排列，而英语可以借助形态变化和丰富的连接词语，根据句子的意思和结构的需要灵活排列，顺序往往与汉语不同。试比较：

I believe strongly that it is in the interests of my countrymen that Britain should remain an active and energetic member of the European Community.

我强烈地认为，英国应该继续是欧洲共同体中一个积极而充满活力的成员，这符合我国人民的利益。

I was all the more delighted when as a result of the initiative of your Government, it proved possible to reinstate the visit so quickly.

由于贵国政府的提议，才得以这样快地重新实现访问，这使我感到特别高兴。

由于英汉思维习惯和表达方法的差异，改变语序、重组结构便成了翻译中的一种常用手段，对长句的翻译尤其如此。例如：

I believe that I speak for every sincere and serious representative in the United Nations—— so I am encouraged to believe by the speeches to which we have already listened this morning—— when I say that the anniversary must be an occasion for an honest assessment of our failures in the past, matched by an equally determined will to do better in the future, so that we can escape from frustration and turn the anniversary into an inspiration and an achievement.

这次周年纪念会应该是一个老老实实地评估我们过去的失误的时机,同时应该是一个表达我们有同样决心要做好今后工作的时机。这样,我们就可免遭挫折,并可把这次周年纪念变成一种鼓舞和成就。当我讲这番话时,我相信——今天上午我们听到的发言也使我相信——我是代表联合国每一位真诚和严肃的代表讲话的。

这是一个多重复合句,通过连接词与形态变化把意思连接起来,先表态,后叙事,其语序几乎与汉语的表达习惯相反。

(三)英汉都有大量的虚词,但各有特点

英语的虚词(form words),也称结构词(structural words)或功能词(functional words),包括冠词(articles)、介词(prepositions)、助动词(auxiliary verbs)、并列连接词(coordinators)和从属连词(subordinators)等。汉语的虚词(empty words)包括副词、介词、助词和连词等。英汉虚词都是与实词相对而言的,在句中主要起辅助和连接等作用。英汉虚词各有特色,不仅种类不同,用法也不同。

1. 英语有冠词,汉语无冠词

英语的最大特点是经常使用冠词和不定冠词,而汉语没有冠词,英译汉时可以省略。有时一个冠词之差,意思大不相同,这时汉语就要用不同的词语来表达。例如:

(1) out of question 毫无问题

out of the question 不可能

(2) take the chair 主持会议

take a chair 坐下

（3）She was with a child. 她带着一个孩子。

She was with child. 她怀孕了。

2. 汉语有丰富的助词

汉语的最大特点是有丰富的助词，助词分为动态助词（如着、了、过）、结构助词（如的、地、得）和语气助词（如吗、吧、啊、呀）。这些助词的作用相当于英语的形态变化，能够表达丰富的语气色彩。例如：

他早来了！（确定语气）

He's been here a long time!

这回我可亲眼看见了！（感叹语气）

This time I've actually seen it for myself.

她真来了？（疑问语气）

Has she really come?

今天不会下雨吧？（揣测语气）

It isn't going to rain today, is it?

你好好想想吧！（提议语气）

Just think it over.

咱们走吧！（商量语气）

Let's go.

语气助词（emotional particles）是汉语最重要的特征之一。英语没有这类词，句中的语气一般要借助语调（intonation）或其他方法来表达。例如：

You must be feeling rather tired.

你一定觉得有点儿累。

你一定觉得有点儿累了。（较肯定的语气）

你一定觉得有点儿累了吧。（半信半疑的语气）

3. 英语常用介词，汉语少用介词

英语介词除了单独作为一类词使用外，还可以构成形式多样的合成介词和成语介词。这类词和短语不但数量大，而且使用十分频繁，与汉语相比，显得相当突出。汉语介词大多是从动词"借"来的。严格来说，现代中国语根本就

没有真正的介词。英译汉时,英语的介词常常被译成汉语的动词。例如:

What is he at?

他正在干什么?

It looks as if we are in for a storm.

看来我们免不了要碰上一场暴风雨了。

There were 20 votes for her and 12 against her.

支持她的有 20 票,反对她的有 12 票。

4. 英语常用连接词,汉语少用连接词

英语表示并列和从属关系的连接词不但种类和数量比汉语多,而且使用率也比汉语高。除了与汉语相似的连接词(如 or 或者,not only……but also 不但……而且……,if 如果,because 因为,unless 除非,when 当……时候等)以外,英语还有连接代词、关系代词、连接副词和关系副词(who、whom、whose、that、what、which、when、where、why、how 等)。这些词在句中使用相当频繁。汉语有些副词(才、就、也等)经常与连词配合使用,既起副词的修饰作用,又起关联上下语句的作用(只有……才……,如果……就……,即使……也……)。这类副词有时也可以单独起关联作用。例如:

This was the period when Einstein began the research which resulted in the creation of his famous Theory of Relativity.

就在这期间,爱因斯坦开始进行一项研究。经过这项研究,他创立了著名的相对论。

Even if you go there it won't do any good.

就算你去了也没用。

Only after I had heard explanation did I understand what it was all about.

听了他的解释,我才知道是怎么回事。

汉译英时,常常要增补连接词。例如:

火车未停,请勿开门。

Don't open the door until the train stops.

喝水不忘挖井人。

When you drink water, think of those who dug the well.

无事不登三宝殿。

I wouldn't come to you if I hadn't something to ask of you.

四、英汉两种语言的语篇文化差异

语篇或话语，一般用来指文章、会话、面谈等比句子更大的语言单位。语篇的形成和样式表现了意义交流时的社会语境。语篇的特征与文化的许多特征有密切联系。一方面，不同社会文化背景下的人所使用、制造的语篇也不相同。另一方面，不同的语篇也建构着不同的个人经验和社会现实。

（一）汉语的意境与英语的动态

以马致远的《天净沙·秋思》为例：

枯藤老树昏鸦，小桥流水人家，古道西风瘦马。夕阳西下，断肠人在天涯。

此词篇幅很短，只有五句话，二十八个字。这五句不用一个动词，似乎只是九组词汇的意象排列，似乎散漫无神，毫无章法可言，其实不然。前三组九景：有远有近，有明有暗，有哀有乐。这些景以"断肠人"为中心，以"夕阳"为背景，以奔波为线索，形象十分鲜明、逼真，九景皆活。作者以"夕阳西下"一句作为前面写景与后面抒情的过渡，把意境和情韵巧妙组合起来，使各个分散的景点联结成完整和谐的意境，构成一幅令人伤感的暮秋黄昏行旅图。该词通过意境构成语篇结构上的衔接与连贯，充分体现了汉语"形散而神合"的特点。

下面是此词的译文：

Crows hovering over rugged old trees wreathed with rotten vine-the day is about done.

Yonder is a tiny bridge over a sparkling stream,

And on the fat bank, a pretty little village.

But the traveler has to go on down this ancient road,

The west wind moaning, his bony horse groaning,

Trudging towards the sinking sun,

Farther and farther away from home.

从形式上看,译文用了63个词,篇幅比原文长得多。译者用6个动词(hovering over, wreathed, moaning, groaning, trudging towards)和3个句子(the day is about done, Yonder is a tiny bridge over a sparkling stream, the traveler has to go on down this ancient road)使译文句法结构完整,叙述和描写情理逻辑性强,语义上更加简明易懂,与原文形成了鲜明的对比。4个现在分词(hovering over, moaning, groaning, trudging towards)从形式上将原文隐含的意境译活了,使整个画面更富于情景的立体动态和诗情画意,但明确的文面形式也使读者失去了许多遐想。由此可见,英语句式注重动态而汉语句式以静制动。

(二)汉语的言理与英语的言意

以《孙子兵法·始计篇》中的一段为例:

"兵者,诡道也。故能而示之不能,用而示之不用,近而示之远,远而示之近,利而诱之,乱而取之,实而备之,强而避之,怒而挠之,卑而骄之,佚而劳之,亲而离之。攻其不备,出其不意。"

《孙子兵法》共十三章,约六千字。作者使用了"舍事而言理"的叙述方式,将战争中的计与战、力与智、利与害、全与破、迂与直、输与胜等既相互冲突又相互联结的辩证关系分析得鞭辟入里,处处显示其特有的哲理之光。这段语篇是用排偶句展开的,句际没有用"路标式"的衔接手段。连接词"当……","如果……"主要是靠成对反义词(能—不能,用—不用,近—远)和动词(卑—骄,佚—劳,亲—离)起到前后呼应、承上启下的衔接功能,不但文章观点鲜明而且语篇文气舒展,具有很强的说服力,充分体现了汉语以话语(言理)为中心的篇章结构。这类句式也被称为话题说明句,即句子以题旨或语义为中心,语篇和话语的意图要从语境中去理解。根据申小龙对此书语篇结构的统计:语际主要靠"意合法"连接,占92%,而连接手段仅占7.4%。

请欣赏袁世槟先生的精湛译文:

All warfare is based on deception. Therefore, when capable of attacking, feign incapacity; when active in moving troops, feign inactivity; when near the enemy, make it seem that you are far away; when far away make it seem that you are near. Hold out baits to lure the enemy. Strike the enemy, when he is in disorder. Prepare against the enemy when he is secure at all points. Avoid the enemy for the time being when he is stronger. If your opponent is of choleric temper, try to irritate him. If he is arrogant, try to encourage his egotism. If the enemy troops are well prepared after reorganization, try to wear them down. If they are united, try to sow dissension among them. Attack the enemy where he is unprepared, and appear where you are not expected.

译者翻译第二句"故能而示之不能，用而示之不用，近而示之远，远而示之近"，用了4个时间状语引导词（when）衔接语篇，尽管省略了主语（you），但句式仍然是典型的英语句子结构。第三句的前半部分"利而诱之，乱而取之，实而备之，强而避之"，译文用了3个时间状语引导词（when）衔接语篇；第三句的后半部分"怒而挠之，卑而骄之，佚而劳之，亲而离之"，译文用了4个条件状语引导词（if）衔接语篇，这是语法成分完备的句子结构；最后一句"攻其不备，出其不意"，译文用了两个地点状语引导词（where）衔接语篇，这同样是典型的英语句式。由于这段译文使用了4组状语引导词，且句子的主谓宾语齐全，句子结构高度形式化，表义高度逻辑化。从句法角度来看，是"化隐为显"；从翻译理论角度来看，是"得意忘形"。整个语篇以言意为重。

（三）汉语的流感与英语的动感

《红楼梦》第六十五回"贾二舍偷娶尤二姨，尤三姐思嫁柳二郎"中有这样一段对白：

兴儿连忙摇手说："奶奶千万不要去。我告诉奶奶，一辈子别见她才好。嘴甜心苦，两面三刀；上头一脸笑，脚下使绊子；明是一盆火，暗是一把刀；都占全了。"

这段文字是典型的汉语口语体。说者（兴儿）机关枪似的一口气说完了选段话，可说是一吐为快，畅快淋漓。此段口语，句式自由，语感活泼，节奏欢快，如行云流水。尽管整个句子语法核心成分（主语和谓语动词）淡漠，无结构可言，句间也无各种连接词，话语只是根据意义和语势的跳动铺排，自然展开，但丝毫不影响语义表达的逻辑性。充分体现了汉语流水短句的修辞效果；简洁，明快，活泼。由于话语中使用了一系列对比：嘴甜—心苦，上头—脚下，一脸笑—使绊子，明—暗，一盆火——把刀及句子音节数量上的平衡对称，声调平仄相谐，语义流高低升降有序，抑扬顿挫协调，使全句节奏感强，读来有种跳跃感。语感使全句文意贯通，浑然一体。

请欣赏翻译家杨宪益夫妇的译文：

Hsing-erh threw up his hands in dismay, "She'll give you sweet talk when there's hatred in her heart, she's so double-faced and tricky. All the time she's smiling she tries to trip you up, making a show of great warmth while she stabs you in the back. That's the way she is."

杨宪益夫妇把兴儿这连珠炮似的一串话翻译得神韵俱佳，语气自然流畅，一气呵成，读来毫无翻译的痕迹。译者在心领神会原文的基础上，在翻译时补上了"嘴甜心苦……都占全了"这一串流水句省略的主语和谓语动词，并用3个显性语篇功能词（when，all the time，while）把语法成分完备的单句串联起来，构成了一个语际衔接紧密、连贯自如的语篇，实属地道的英语。但其句式显得有些书面化，一定程度上失去了原文口语的流感语势。

从以上对比和分析来看，汉语句式灵活多样，不拘一格，一般不考虑句子的语法是否完备，上下文是否使用连接词，常常以词序、意境（情境、语境）事理、语势等为中心表达意义，语篇的衔接与连贯主要靠叙事的事理逻辑和语境等隐性关系来实现，读者需要通过"悟"才能达到对整个句子和语篇意义的理解；而英语多受制于语法形式和句子结构，句子以动词为中心，注重句子结构的形合，在很大程度上，只有在语法统辖下，句子才能通顺，表意才能准确无误，语篇的衔接与连贯主要靠完整的句法形式和各种显性功能词语来体现。

第三节　英汉语篇文化与跨文化交际

著名语言学家韩礼德认为，语言是"社会符号"，要注重语言结构与社会功能的联系，注重语篇与情景的联系。任何语言的使用都有语境，有语篇必有语境。语篇理解离不开语境，离不开作为一种资源的经验。书面语篇没有任何外部语境，因此必须在阅读过程中创造内在的语境。此过程就是读者用其推理、演绎及认知能力构拟话语和题旨语境之间的相关性。

上述例文使我们看到英汉语言中的词汇语境对语篇理解十分重要。由于语篇必须是衔接与连贯的，词汇之间存在着多种语义关系，因此可以做由此及彼的推理。从语篇推导语境需要以上下文中的词汇作为推理依据，并以此激活图式。要靠词汇了解语篇的经验意义、信息内容，甚至人际意义。马丁的评价系统理论就系统地论述了词汇对人际意义的影响。从语篇推导语境就不能不重视词汇，因为"词汇意义对语句结构的解释起着积极作用"。

从单句语篇推导语境往往要依靠词汇作为语境线索。词汇不仅影响语法结构，语法结构还体现在词汇上。在语篇层次上，无论是衔接还是连贯都离不开词汇，因此理解语篇的信息内容离不开词。由于某个词使语篇难以理解时，我们可以在语篇中寻找一个意义相对明确、与疑难词之间存在某种搭配或共现关系的词作为语境线索。因此整个过程是从语篇推导语境，然后再从语境回到语篇，达到对语篇的理解。

语境线索是语篇中的一个词或词组，该词或词组可以激活相应的语境，借以确定另一个词或几个词的情景意义。例如：

The coffee spilled, get a mop.

The coffee spilled, get a broom.

第一句由 mop 激活，第二句由 broom 激活，加上对这类事情的经验，即可获得 coffee 的不同情景意义。第一句中的 coffee 指"咖啡茶"，第二句中指"咖啡豆"这个理解当然是对的，但 mop 激活了什么并未交代。其原文是 In the first case, triggered by the word "mop" and your experience of such matters, you assemble a situated meaning... 人们会问：What is triggered？文中未提。从句法看可能是 you，但 trigger 的宾语一般是某种动作或状态。那么起什么作用也就没有交代清楚。事实上 mop 激活了 your experience of such matters，激活了我们脑子里有关打扫卫生的图式。在这个图式里，作为图式成分的拖把和溢（泼、洒、流）出的残汤、水、茶、咖啡等液体联系着，扫帚和固体垃圾联系着。在语言里则体现为搭配。这里说的搭配是一种语义关系，并不局限于动宾、补足、修饰、并列等句法关系，但常常潜在地有这种关系。此处的 mop 和 broom 是语境线索，是这个语境线索激活了有关图式，根据图式中 mop 和 broom 的不同联系，决定了 coffee 两个不同的情景意义，从而了解语篇的意义。

再来看一个汉语例子：烟酒请勿登楼。

这是某一藏书楼楼梯口一块牌子上的话，意思似乎清楚，但仔细一想觉得有矛盾：烟酒如何登楼？"登"字成了语境线索，它激活的图式中"登"的动作只能与人联系，不能与无生命的东西（如烟酒）联系。这样就出现了在语境中无联系的成分，其相应的两个词在语言中却被放在一个搭配之中。这时联系直接语境进行推理就受到阻碍，于是需要联系我们的常识进行推理。常识告诉我们登楼的必是人，这里一定是以物代人。这又符合我们的语言知识，有时人们由于某种原因可以用隐喻语言以物代人，这里就是如此。"烟酒"首先指"抽烟喝酒"的动作，然后再指抽烟喝酒的人。但并非抽烟喝酒的人都不能登楼。句中"登楼"限制动作的特定场合，所以并非统指一般抽烟喝酒的人。例如，平时抽烟喝酒的人登楼时不抽烟喝酒，按理还是允许上楼的，所以这句话隐含"不得在楼上抽烟喝酒"之意。用"烟酒"而不正面提人是出于礼貌需要。这里"登"字作为语境线索确定了"烟酒"的情景。

单句书面语篇既无上下文又无外部语境，因此推理的结果是语篇的直义，而其中的逻辑推理时常是概率性的。

词汇语境线索在解决歧义、表面搭配不当、词的临时组合、词义笼统、新词词义等方面有助于理解。可以说我们对语篇的理解建立在语境线索解歧的基础之上。这是语境线索的一个重要功能。

一、一词多义

英语中一词多义常给理解造成困难和歧义。例如，That was an act to legalize abortion. 该句中的 legalize 作为语境线索，激活了议会程序图式，赋予 act "法案"的情景意义，排除了其"行动"之意。这就解决了产生歧义的可能。又如，I was going to take the plane to Chicago, but it was too heavy。读到 take the plane to Chicago，人们自然会理解为"乘飞机到芝加哥"。但当读者读完这个句子，就会把 plane 理解为"刨子"。事实上，heavy 起了语境线索的作用。太重不好随身携带，那么，如果不太重就可以携带了，可见是个可以携带的物品。这就排除了"飞机"的意义，因为飞机再轻也不能携带。

二、搭配不当

一个词究竟是用于本义还是用于比喻义，语境线索可以帮助确定。例如，The climate was just right for growing sugar。在人们的经验中，糖不能种植，但文中的 growing 激活了"种植"的图式，其中只有植物可作为图式成分，因此在否定 sugar 字面理解的同时，确定了 sugar 做 sugar cane、sugar beet 的意义。sugar 比喻性地替代了从中提取 sugar 的植物，这样就解决了表面不搭配的问题。

三、临时组合

有些临时组合，特别是名词做定语与另一名词的组合常常令人费解。这种情况下语境线索往往可赋予这种组合情景意义，从而使语篇意义清楚明了。例如，He is a coffee-after person. 这是一位美国教授在说她丈夫。看起来不符合英语句式。理解的困难在于 coffee-after，然而，恰恰是 coffee 为我们提供了理解的语境线索，激活了一个喝咖啡的图式。咖啡虽然任何时候都可以喝，但大多数美国人早晨都要喝咖啡。这样的话是常可听到的：You get up in the morning and go online before getting your coffee. Coffee after…通常 coffee 是早餐时喝，coffee after 当指 coffee after breakfast，用 coffee-after 修饰 person，说明此人经常如此,已成习惯。所以这句话的意思是"他总是早饭后喝咖啡"。对于临时性组合,词汇语境线索可激活有关图式,经过推理,帮助理解。

四、词义笼统

英语中有些形容词的意义很广泛、很笼统,如 good、sound、great,在语言使用中人们很难把握其确切意义,因此特别受语义分析家的重视。保罗·齐夫举了一个很能说明问题的例子:This is a good strawberry. This is a good lemon. 他解释说,草莓取其甜,good strawberry 应该甜;柠檬取其酸,good lemon 应该酸。这里 good 的意义取决于它所修饰的词,因而获得两个完全不同的意义。

五、文化语境

文化语境或意识形态对理解也有差异。例如,对"8888 is a good number"这句话,中国人和英美国家的人都能接受,但理解不同。中国人认为这个数字吉利,而英美国家的人则认为便于记忆。可见,文化背景不同,赋予语言的意义也不同。

第七章　全球化语境下的英汉文化词汇差异与翻译

语言与文化密切相关，文化对语言有着重要的影响。文化不同，其影响下的语言也不尽相同。在语言翻译前，了解语言差异十分必要。词汇作为语言的重要组成部分，也必然受文化的影响。为此，本章就针对全球化语境下的英汉文化词汇差异与翻译展开研究与探讨。

第一节　英汉文化词汇的概念

在英汉两种语言中，词汇是重要的构成成分和要素，而且英汉语言的差异性在词汇层面表现得尤为明显。要准确地翻译词汇，就必须掌握英汉词法的知识，了解二者的异同。本节就具体探讨英汉文化词汇的差异。

一、中西词汇书写形式差异分析

英语属于印欧语系，汉语属于汉藏语系。可见，二者分别属于不同的语系。此外，汉语采取方块字的基本形式，英语由字母组成。因此，二者在书写形式方面有着很多不同。具体来说，汉语在音韵层面属于"调韵声体系"。虽然音节之间较为分明，然而音节与音节之间的组合比较模糊，所以汉字之间没有间隙。与此相反，英语中的音节与单词都是由字母组成的，音节和单词之间没有明确的界限，英语在音韵层面属于"元辅音体系"。正因为如此，英语单词与单词之间通常以空格来进行分离，音节则常写在一起。例如：

Gloria loves singing very much.
格罗丽娅非常喜爱歌唱。

二、中西词形变化差异分析

（一）汉语词形变化

汉语是一种非屈折语言，其词与词的关系需要读者自己解读。一般而言，汉语语法形态是通过上下文语境来实现的。汉语属于表意文字，汉语名词没有可数与不可数之分，也没有单复数之分；动词也没有形态变化，谓语动词的语态、时态等往往需要借助词汇手段来实现。

（二）英语词形变化

英语属于屈折语言，具有丰富多变的语法形态。英语名词有可数与不可数之分。其中，可数名词又分为单数名词与复数名词。英语动词也有丰富的形式变化，主要体现在人称、语态、时态、语气、情态及非谓语等的变化上。除了名词与动词之外，形容词、副词等也有词形的变化，正是由于这些词形的变化，英语中的词类、性、数、格、语态、时态的变化不需要借助其他虚词就可以实现。

三、中西词汇义项差异分析

（一）汉语词汇的义项

汉语中存在着一词多义现象。当汉语词汇采取了不同的搭配形式或者发挥不同功能时，常常会表达出不同的意义。例如：

中国的艺术（如音乐、绘画、文学、舞蹈等）

领导的艺术（创造性方法方式）

唐诗的艺术（创作表现技巧）

上述共有的名词"艺术"具有不同的含义。

老兵（有经验的）

老地方（原来的）

老朋友（时间长的）

上述共有的形容词"老"具有不同的含义。

（二）英语词汇的义项

一般来说，英语中的一词多义现象较为普遍。也就是说，英语词汇的义项比较丰富。例如：

president 总统、校长、董事长、社长、会长

take 取、拿、吃、接受、采取

uncle 舅父、姨丈、伯伯、伯父、叔叔、姑父

husband 丈夫、老公、老伴、爱人、相公

值得注意的是，尽管英语词汇具有较丰富的含义，但在特定语境中，该词汇的含义是确定的，可以通过上下文来进行判断。例如：

She prefers dry bread.(without butter)

她喜欢无奶油的面包。

The cows are dry.(not supplying milk)

这些母牛缺奶。

不难发现，上述句子中的 dry 一词由于处于不同语境而具有了不同的意义。

四、中西构词方式差异分析

中西构词方式多种多样，这里主要以词缀法、缩略法、复合法三种方式为例加以分析。

（一）词缀法

词缀法，即在词基的基础上添加词而构成新词的方法。

1. 汉语词缀法

汉语中词缀法的意义与英语类似，主要是在表示意义的词根的基础上增加意义的词缀。与英语词缀相比，汉语中词缀的数量较少，且加缀情况不固定。

汉语中的词缀构词主要有以下三种形式。

(1) 前缀：词缀 + 词根的形式。例如：

阿妹

老虎

小李

老杨

(2) 后缀：词根 + 词缀的形式。例如：

凳子

瘦子

新生

(3) 叠音后缀：词根 + 叠音词缀。例如：

红彤彤

绿莹莹

热乎乎

暖洋洋

需要特别说明的是，汉语中这些词缀可有可无，但有了这些词缀会令语言更圆滑、更通俗易懂，所以大多情况下也会使用这些词缀。

2．英语词缀法

词缀法是英语构词法的核心。英语词缀法可分为前缀法与后缀法。

(1) 前缀法

前缀法是在词根基础上添加前缀而构成新词。词根一般有名词、形容词、动词等。前缀构词法通常改变词意，但词性基本不变。

按照意义进行划分，英语前缀有以下九类。

表否定：in-（变体 ir-，il-，im-），non-，dis-，un-，a-

表贬义：mis-，mal-，pseudo-

表方向态度：contra-，pro-，anti-，counter-

表时间：fore-，pre-，ex-，post-，re-

表反向或缺失：dis-，de-，un-

表程度：co-，hyper-，micro-，out-，sub-，sur-，under-，arch-，extra-

, macro-, mini-, over-, super-, ultra-

表方位: fore-, intra-, tele-, extra-, inter-, super-, trans-

表数: di-, semi-, hemi-, uni-, bi-, multi-, demi-, tri-, mono-

其他: neo-, proto-, auto-, pan-, vice-

下面是一些前缀法构词的例子。

international 国际组织

anti-knock 抗震的

anti-body 抗体

counterplot 对抗策略

counterattack 反击

dehydrate 脱水

de-compose 腐烂、拆分

defunct 已消亡的

disbenefit 不利之处

disadapt 使……不适应

maltreat 虐待

malnutrition 营养不良

microchip 微晶片

microbiology 微生物学

non-conductor 绝缘体

noninvolved 拒绝介入的

rebuild 重建

react 反作用

reconsider 重新考虑

postscript 附言

post-war 战后的

prearrange 预先准备

pre-emptive 先发制人的

underground 地下的

subdue 征服

proverb 格言

(2) 后缀法

后缀法是在词根的基础上加上后缀，增加后缀后，词的词性有一定的改变，对词汇意义没有太大的影响。后缀按照其在构成新词时的词性可以分为名词后缀、动词后缀、形容词后缀、副词后缀。

①名词后缀。名词后缀只构成名词，常见的名词后缀有 -age，-dom，-ee，-ry 或 -ery，-hood，-ness，-(t)ion，-ity 等。例如：

postage 邮费

wastage 浪费（量）

wisdom 智慧

martyrdom 牺牲

employee 雇员

detainee 被扣留者

machinery 机械

surgery 外科手术

childhood 童年

brotherhood 手足情，兄弟关系

goodness 善良

darkness 黑暗

decision 决定

complication 复杂化

②动词后缀。动词后缀通常加在名词和形容词后构成动词。常见的动词后缀有 -ate，-en，-fy 或 -ify，-ize(ise) 等。例如：

hyphenate 用连接号连接

chlorinate 使氯化

shorten 变短

heighten（使）变高，（使）增大

beautify 美化

classify 分类

criticize 批评

③形容词后缀。形容词后缀只用于构成形容词。常见的形容词后缀有 -able（有 -ible 和 -ble 两种变体），-al（有 -ial 和 -ical 两种变体），-ful，-lve，-less 等。例如：

eatable 可食用的

washable 耐洗的

contemptible 可鄙的

economical 节俭的

cultural 文化的

philosophical 哲学的

beautiful 美丽的

faithful 忠诚的

interrogative 疑问的

creative 有创造性的

careless 粗心的

jobless 失业的

④副词后缀。副词后缀只用于构成副词。常见的副词后缀主要有 -fold，-ly，-ward (s)，-wise 等。例如：

tenfold 十倍

hundredfold 百倍

calmly 平静地

recently 最近

firstly 第一

westward 向西

upward 向上

homeward 向家走的

education-wise 教育方面

weatherwise 在气候方面

需要提及的是，英语中的词缀没有独立的形式，不能单独使用，需要依附在词根或词干上才能构成词汇。同时，前缀和后缀的位置也较为固定，通常情况下，前缀不能后置，后缀也不能前置。

（二）缩略法

缩略法，顾名思义就是对字（词）进行缩略和简化。

1. 汉语缩略法

汉语中的缩略词主要有四种：选取式、截取式、数字概括式和提取公因式。

(1) 选取式缩略词

选取式，即将词汇中有代表性的字选取出来而形成的缩略词。这类缩略词主要有下面几种。

①选取每个词的首字。例如：

政治委员→政委

文学艺术→文艺

②选取第一个词的首字和第二个词的尾字。例如：

外交部部长→外长

扫除文盲→扫盲

③选取每个词的首字和全称的尾字。例如：

执行委员会→执委会

少年先锋队→少先队

④选取全称中最有代表性的两个字。例如：

北京电影制片厂→北影

中国人民政治协商会议→政协

⑤在一些并列全称中选取每个词的首字。例如：

亚洲、非洲、拉丁美洲→亚非拉

(2) 截取式缩略词

截取式也就是用名称中一个有代表性的词代替原有的名称而构成的词。这类缩略词主要有以下两种。

①截取首词。例如：

南开大学→南开

广西壮族自治区→广西

②截取尾词。例如：

万里长城→长城

中国人民志愿军→志愿军

(3) 数字概括式缩略词

①提取词汇中的相同部分，并用一个数字进行概括且置于词首。例如：

湖南、湖北→两湖

会听、会说、会读、会写→四会

②用一个有代表性的字或词概括出词汇所代表的事物的性质或特征，并前置一个表示数量的数字。例如：

春、夏、秋、冬→四季

心、肝、脾、肺、肾→五脏

两眼、两耳、两鼻孔、口→七窍

《大学》《中庸》《论语》《孟子》→四书

《诗经》《尚书》《礼记》《周易》《春秋》→五经

(4) 提取公因式缩略词

提取公因式缩略词是提取词汇中相同的部分进行合并而构成的词。例如：

进口、出口→进出口

工业、农业→工农业

指挥员、战斗员→指战员

2．英语缩略法

英语缩略词的数量较多，归纳起来主要有四种类型：节略式、字母缩合式、混合式、数字概括式。

(1) 节略式缩略词

节略式指截取全词中的一部分，省略另一部分的形式。节略式缩略词又包括以下几种。

①取头去尾。例如：

Wednesday → Wed（星期三）

executive → exec（执行官）

gentleman → gent（绅士）

stereophonic → stereo（音响）

memorandum → memo（备忘录）

②去头取尾。例如：

aerodrome → drome（航空站）

earthquake → quake（地震）

helicopter → copter（直升机）

③去头尾取中间。例如：

detective → tec（侦探）

influenza → flu（流感）

④取头尾去中间。例如：

employed → empd（被雇佣的）

department → Dept（部门）

(2) 字母缩合式缩略词

字母缩合式是"提取一个短语或名称中的首字母或其中的某些字母进行缩合而形成的节略词"。例如：

foot → ft（英尺）

kilogram → kg（公斤）

Voice of America → VOA（美国之声）

very important person → VIP（贵宾）

post card → p.c.（明信片）

tuberculosis → TB（肺结核）

television → TV（电视）

General Headquarters → GHQ（司令部）

Defense Notice → D-Notice（防务公告）

Victory Day → V-Day（二战胜利日）

nuclear bomb → N-bomb（核弹）

government man → G-man（联邦政府警察）

sound navigation and ranging → sonar（声呐）

radio detecting and ranging → radar（雷达）

acquired immune deficiency syndrome → AIDS（艾滋病）

lightwave amplification by stimulated emission of radiation → laser（激光）

(3) 混合式缩略词

英语中的混合式缩略词一般包括两种：选取短语或名称的两个成分 A、B 的部分缩合成新词；成分 A 或 B 的部分加上另一种成分 A 或 B 的全部缩合而成。

① A 头 +B 尾。例如：

cremate+remains → cremains（骨灰）

fruit+juice → fruice（果汁）

② A 头 +B 头。例如：

communications + satellite → comsat（通信卫星）

teleprinter + exchange → telex（电传）

③ A+B 尾。例如：

tour + automobile → tourmobile（游览车）

work+welfare → workfare（劳动福利）

④ A 头 +B。例如：

telephone+quiz → telequiz（电话测试）

automobile + camp → autocamp（汽车野营）

(4) 数字概括式缩略词

英语数字概括式的缩略词可分为以下两种。

①提取并列成分中相同的首字母或对应字母，并用一个数字概括，放在词前。例如：

copper，cotton，corn → the three C's（三大产物：铜、棉花、玉米）

peace，petroleum，Palestine → the three P's（中东三大问题：和平、石油、巴勒斯坦）

②用一个有代表性的词概括出词汇所代表的事物的性质或特征，并前置一个表示数量的数字。例如：

Aglaia，Euphrosyne，Thalia → the three Graces（三女神）

death，trial，heaven，hell → four last things（最后四件事：死亡、审判、天国、地狱）

综上可知，英语缩略词中有很多字母组合词是按照字母发音的，与原词的发音有很大差别。而汉语缩略词的读音与原词的形式关系密切，缩略词是根据原词的读音而发音的。在数量上，英语缩略词数量高于汉语缩略词。

（三）复合法

1. 汉语复合法

与英语复合法构词相同，汉语的复合构词法也可以构成动词、名词、形容词等，还可以构成代词、连词等。不同的是，汉语由语素构成，构词不仅是从词性上来分类，更重要的是从语素之间的关系来分类，即动宾关系、主谓关系、动补关系、偏正关系等。例如：

动宾关系：举重、跳舞

主谓关系：国营、自卑

动补关系：开发、推行

偏正关系：鸟瞰、雪白

2. 英语复合法

复合法是英语构词的主要方式之一。既然按照一定的次序排列，词汇的构成就会受到词汇形态变化的影响，通常根据后面的词对词性予以确定。根据复合词的词性，英语复合词可以分为复合名词、复合形容词、复合动词。

(1) 复合名词

复合名词是英语中最常见的复合词。复合名词的构成形式有以下几类。

① 名词 + 名词。例如：

northeast 东北

hot days 暑天

football 足球

grandfather 祖父

postcard 明信片

end product 最后结果

② 动词 + 名词。例如：

haircut 理发

chopsticks 筷子

③ 形容词 + 名词。例如：

blackboard 黑板

deadline 截止日期

④ 副词 + 名词。例如：

off chance 不容易有的机会

afterthought 事后想到的事物

⑤ 介词 + 名词。例如：

afternoon 下午

by-product 副产品

⑥ -ing + 名词。例如：

cleaning lady 清洁女工

parking meter 停车计时器

learning strategy 学习方法

⑦ 名词 + 动词。例如：

heartbeat 伤心

daybreak 黎明

snowfall 降雪

⑧名词 + -ing。例如：

handwriting 书法

air-conditioning 空调

⑨副词 + 动词。例如：

offset 抵消

onflow 滚滚向前

⑩动词 + 副词。例如：

makeup 化妆品

follow-up 后续产品

⑪ 动词 + -ing+ 副词。例如：

taking-off 起飞

going-over 彻底检查（检修）

⑫ 副词 + -ing。例如：

uprising 起义

up-bringing 抚养孩子

(2) 复合形容词

复合形容词的后半部分主要包括名词、形容词、副词以及具有形容词性质的 -ing 分词或 -ed 分词。复合形容词的构成形式主要有以下几类。

①名词 + 形容词。例如：

life-long 终身的

bulletproof 防弹的

duty-free 免税的

②形容词 + 名词。例如：

short-term 短期的

half-hour 半小时的

③动词 + 名词。例如：

cut-price 廉价的

breakneck 非常危险的；极快的

cross-country 横穿全国的

④形容词 + 形容词。例如：

red-hot 炽热的

green-blind 绿色色盲的

good-temperer 脾气好的

⑤形容词 +-ing。例如：

good-looking 好看的

familiar-sounding 听起来熟悉的

⑥副词 + 形容词。例如：

all-mighty 无所不能的

evergreen 常绿的；永葆青春的

⑦副词 +-ing。例如：

oncoming 即将来到的

well-meaning 善意的

⑧名词 +-ing。例如：

time-saving 省时间的

peace-loving 爱好和平的

⑨名词 +-ed 例如：

chicken-hearted 胆怯的

travel-worn 旅行中用旧的；旅行劳累的

⑩ -ing+ 形容词。例如：

freezing-cold 冰冷的

wringing-wet 湿得可拧出水来的

(3) 复合动词

复合动词一般是在复合名词和复合形容词基础上，通过词类转化法或逆生法而构成的。副词与动词也可以构成复合动词。

①由复合名词转化而来的复合动词。例如：

nickname（n. 绰号）→ to nickname（v. 给人起绰号）

moonlight（n. 月光）→ to moonlight（v. 赚外快）

②由复合名词或形容词逆生而成的复合动词。例如：

hen-pecked（a. 怕老婆的）→ to hen-peck（v. 管治丈夫）

baby-sitter（n. 保姆、看管孩子的人）→ to baby-sit(v. 看孩子)

③由"副词＋动词"构成的复合动词。例如：

undergo 经历

underwrite 承担

outgo 比……走得远

五、中西词义对应关系差异分析

通过对英汉词义进行比较可以发现，英汉词义关系主要有下面几种情况。

（一）完全对应

英汉两种语言中有些词在词义关系上是完全对应的。英语中的这类词主要是专有名词、术语、常见事物的名称，同时具有特定的通用译名。例如：

radar 雷达

minibus 微型汽车（面包车）

speciology 物种学

helicopter 直升机

（二）部分对应

英汉两种语言中还有一些词的词义是部分对应的关系。有的英语词范围广，而汉语中与之对应的词范围小；有的汉语词范围广，而英语相应的词范围较窄。例如：

gun 枪；炮

marry 娶；嫁

uncle 伯父；叔父；叔叔；伯伯等

（三）交叉对应

英语中常见一词多义的现象。英语多义词的多种意义分别与汉语中不同的词或词组形成对应，这就是交叉对应。要确定英语多义词的意义，需要考虑上语境。

（四）不对应

在中西文化差异的影响下，英汉语中有很多词被赋予了特殊的社会文化内涵，这类词通常难以在对方语言中找到相应的词汇。这一现象被称为"词汇空缺"。

chocolate 巧克力

hippie 嬉皮士

bikini 比基尼

beddo（一种多用途的）床

hot dog 热狗

bingo game 宾果游戏

overkill（核弹超过军事目的的）过度杀伤力（系资产阶级渲染核武器"威力"的用语，现又用来表示宣传活动等方面不必要的过度行为）

气功 qigong

六、中西词汇文化内涵差异分析

各社会有其独特的文化，文化包罗万象，并渗透于社会的各层面。语言也属于一种特殊的文化，是文化的写照和载体。作为语言的重要组成部分，词汇中往往蕴藏着丰富的文化内涵。词汇的文化内涵主要体现在词义层面。下面就从情感意义、联想意义、象征意义三个方面对中西词汇的文化内涵差异进行对比分析。

（一）情感意义

在英汉语言中，有一些词汇虽然字面意义相同，但是有着不同的情感意义，也就是词的褒贬含义不同。例如，英语 peasant 一词在历史上具有明显的贬义色彩，指的是社会低下、缺乏教养等一类的人；peasant 与汉语的"农民"一词字面意义相同，但情感意义不同。汉语中的"农民"指从事农业生产的劳动者，被视为最美的人，具有明显的褒义色彩。所以，汉语中的"农民"一词译为 farmer 更合适。

（二）联想意义

无论是英语中，还是汉语中，均有很多比喻性词汇，如成语、典故、颜色词、植物词等，这些词生动、形象，且具有鲜明的联想意义，被赋予了特定的民族文化特色。尽管有不少英汉词汇的本体可以相互对应，但是也有一些词汇在另一种语言中具有不同的联想意义，或缺少相对应的联想意义。例如：

beard the lion 虎口拔牙

black sheep 害群之马

as timid as a rabbit 胆小如鼠

（三）象征意义

受文化差异影响，中西很多词汇在象征意义上也有很大差异，这在数字词、色彩词、动物词、植物词等体现得尤为明显。换言之，在不同语言中，同一概念可能被赋予了不同的象征意义。例如，英语的 red 与汉语的"红"虽然均可以象征喜庆、热烈，但英语中的 red 还可以象征脾气暴躁，如 see red，而汉语中并无这一象征意义。

第二节　英汉文化词汇差异分析

受历史、文化、表达习惯等因素的影响，中西词汇有共同之处，同时存在很大的差异。在翻译词汇时，译者应了解中西词汇的特点及差异，掌握一定的翻译策略，提高翻译的准确性。具体而言，在全球化语境下，中西词汇翻译主要可采用以下几种翻译方法。

一、直译法

中西词汇翻译还可采用直译法，也就是用源语的文化信息用译语对应的词语进行翻译。直译法有利于使源语文化的特征得到最大限度的保留。例如：

to fan the flame(s) 煽风点火

to burn one's boats 破釜沉舟

paper tiger 纸老虎

需要特别说明的是，为了避免译语读者的误读和误解，采用直译法翻译中西词汇时，译者应尽量避免生搬硬套。

二、替代法

所谓替换法，指"在保留原文交际意义的基础上，用译语中的某个概念意义不同但文化意义相近的词语代换源语文化词语的方法，即用译语中带有文化色彩的词语取代源语中带有文化色彩的词"。

由于各民族所处的自然条件具有一定的相似性，且经历了大致相同的进化过程，生理结构也相似，因此中西语言中也有一些具有相似文化内涵的词汇，这就是词汇的文化重合。在翻译这类词汇时，可采用替代法，以本文化中的近似词组和表达法准确生动地传达出源语文化的内涵。例如，汉语中的"猪"与英语中的 pig 在两种文化中都被视为懒惰、愚蠢、粗俗、肮脏的动物。因此，两种语言中有一些与之相关的表达，翻译时可直接进行替代。再如：

to buy a pig in a poke 乱买东西

to teach a pig to play a flute 教猪吹笛

下面是一些用替代法进行翻译的例子。

ten to one 十之八九

silence is golden 沉默是金

by twos and threes 三三两两

to have one foot in the grave 风烛残年

a stream of tears 泪如泉涌

lead a dog's life 过着牛马不如的生活

to love at the first sight 一见钟情

as strong as a horse 力大如牛

as old as the hills 天长地久

to take wings to itself 不翼而飞

to teach fish to swim 班门弄斧

hold a candle to the sun 盲人点灯——白费蜡

to know something like the palm of one's hand 了如指掌

三、功能对等译法

功能对等译法与上述所介绍的替代法有类似之处。具体来说，不同文化背景下的人其生活习惯和思维方式有很大差异，因此在翻译时不必强求完全等值转换。有时候，译者只需译出原文所表达的含义即可，不必拘泥于原文的语言形式。

例如，在中国，人们一直认为"民以食为天"，因此汉语中有大量关于"吃"的习语，如"吃醋""吃香""吃闲饭"等。如果把这几个习语翻译为英语，大致可以译为 be jealous、be very popular、lead an idle life。虽然翻译没有从字面上在意"吃"的语言形式，但是基本上表达出了其所要表达的内涵，也就是做到了"功能对等"。

四、文化对等译法

有时候，不同文化背景中的人在表达同一个概念时，会用完全不同的表达，此时在翻译中要注意转换表达技巧。译者可以采用文化对等的翻译方法，也就是把原文中约定俗成的说法转换为目的语中约定俗成的说法。例如：

black coffee 浓咖啡（不是"黑咖啡"）

红茶 black tea（不是 red tea）

五、转译法

由于中西方处于不同的自然条件和文化环境中,人们在表达相同语用意义时可能会使用不同的事物。在翻译这类词汇时,译者可以采用转译法,将源语文化中的意象转移到相应的译语文化中的意象,从而实现形移意近的效果。

以汉语中的"虎"为例,"虎"在汉语中是"百兽之王",象征勇猛、无畏、领袖。英语中有相似的象征勇猛、无畏的意象,便是 lion,象征勇猛、无畏。所以,在翻译时,可采用转译法。例如:

a lion in the way 拦路虎

play oneself in the lion's mouth 置身虎穴

此外,由于英汉两种语言在句子结构与表达方式等方面都存在诸多差异,要想在译文中实现词性的对应是不太现实的。在这样的情况下译者可采取转译法,即对词性进行适当转换就具有十分重要的意义。

(一)转译为动词

1. 名词转译为动词

第一,英语中具有动作意义的名词可在汉语译文中转译为动词。例如:

The sight of the boy reminds me of his passed father.

看到那个男孩,使我想起了他已故的父亲。

第二,英语中具有动词与名词两种词性的词,或者由动词而派生出来的名词常被译为动词。例如:

The book is a reflection of the Chinese society.

这本书反映了中国社会。

第三,一些用来表示职业或身份特征的名词可译为汉语中的动词。例如:

He was always an unwelcome intruder.

他经常冒失地闯进别人家里。

2. 形容词转译为动词

有时候,英语中的表语是一些表示知觉、欲望的形容词,在对这些词进行

翻译时,可将其转译为汉语中的动词。例如:

Are you sure that he is telling the truth?

你确信他讲的是真话吗?

3. 副词转译为动词

有时候,英语中的副词也可在翻译过程中被转译为汉语中的动词。例如:

I love having Fridays off.

我喜欢每星期五休息。

4. 介词转译为动词

英语中的一些介词或者介词短语常用来表示动作含义,在翻译这类介词或介词短语时,通常可将其转译为汉语中的动词。例如:

The nation under God, shall have a new birth of freedom, and the government of the people, by the people, and for the people, shall not perish from the earth.

这个国家受上帝的庇护,将获得自由的新生,而这个民有、民治、民享的政府将永存于世界。

With prices at hear record highs, projects to extract hard-to-reach oil and gas are suddenly viable.

由于油价几乎达到历史最高纪录,突然一下冒出许多要在深处采掘石油和天然气的工程。

(二)转译为名词

1. 动词转译为名词

第一,英语中的一些动词是由名词转用或派生而来的,这些动词可被转译为汉语中的名词。例如:

In the early dawn, the guard towers were silhouetted against the sky.

黎明时,天空映出了瞭望塔的轮廓。

第二,当英语中的一些被动句被译成汉语中的"受(遭)到……+名词""予(加)以……+名词"结构时,句中的英语动词常被转译为汉语中的名词。例如:

He was snubbed by the top-ranking officials there.

他受到那边高级官员们的冷遇。

2. 形容词转译为名词

英语中的一些形容词用来对特征、性质进行描绘，这类形容词通常被转译为汉语中的名词。例如：

I endeavored to make the book both entertaining and useful.

我尽量让这本书既有娱乐性，又有实用性。

The certificate is valid only for three years.

这份证书有效期仅三年。

此外，英语形容词与 the 连用时，常表示某一类人。这种表达方式也常被转译为汉语名词。例如：

The old are to be respected.

应该尊重老人。

3. 副词转译为名词

在某些情况下，译者可将英语中的副词转译为汉语中的名词，以此来达到特殊的表达效果。例如：

He is physically weak but mentally sound.

他身体虽弱，但思想健康。

（三）转译为形容词

1. 名词转译为形容词

英语中的一些名词是由形容词派生而来的，在对这些名词进行翻译时，可将其转译为汉语中的形容词。例如：

The new teacher is full of enthusiasm.

这位新老师十分热情。

此外，英语中的一些名词常与不定冠词连用，且常在句中充当表语。在对这类名词进行翻译时，也可将其转译为汉语的形容词。例如：

The concert is a success.

这次音乐会是成功的。

The art exhibition last year was a miracle.

去年的画展简直是个奇迹。

2. 副词转译为形容词

在适当的情况下,一些英语副词可在翻译的过程中被转译为汉语形容词。例如:

Hopefully, the research project can be completed on time.

按时完成这项研究工作是有希望的。

(四)转译为副词

1. 名词转译为副词

如果一些名词或名词短语与句中其他成分之间存在某种特殊的逻辑关系,译者可将这些名词或名词短语转译为汉语中的副词。例如:

I had the fortune to meet him.

我很幸运地遇到了他。

2. 动词转译为副词

英语中的一些动词有时可表达副词的含义,译者在翻译的过程中可将其转译为汉语中的副词。例如:

He hurried into the room.

他慌忙地跑进房间。

3. 形容词转译为副词

为实现特定的翻译目的,译者可将一些英语形容词转译为汉语中的副词。例如:

He then acted as a reluc tant interpreter.

他当时并非情愿地当了一次翻译。

六、加注法

中西词汇的语用意义并非完全对应,翻译时如果只是音译或直译,目的语读者可能难以理解。为了避免词汇翻译中语用意义的丢失,译者可采用加注法,也就是先进行音译或直译,然后添加一定的注释,从而使译文与原文在语义上达到对等,同时易于目的语读者的理解。

例如,汉语"包青天"一词是汉语文化所特有的,是公正无私、执法如山、铁面无私、为民做主的形象,这种联想意义在英语文化中是空缺的,翻译时可采用加注法,译为 Judge Bao(the just and impartial judge in Chinese history)。再如:

阴阳 Yin and yang(the two opposing principles in nature)

磕头 Kowtow(the old etiquette, kneeling on the ground with the hands to the ground and face against the ground)

七、折中译法

所谓折中译法是指舍弃文化意象,提炼出原文所要表达的意思。例如,将 crocodile tears 译成"假惺惺的眼泪"。折中译法完全抛弃了原文的文化意象,这种办法是在其他办法都不可能或不太恰当的情况下使用的。例如:

a literary lion

上述短语如果直译成"文学狮子",那么很难被中国读者接受。但是如果采用意译法进行翻译也不太可行,因为汉语中找不到其他可接受的意象来取代原文的意象。汉语里虽有两个意象"巨匠"和"泰斗",但将 a literary lion 译成"文学巨匠"或"文学泰斗"言过其实,并不准确。在这里,a literary lion 意为 a celebrated author,因此可以译成"著名文学家"或者"著名作家"。

可见,折中译法虽然在不得已的情况下失去了原文的意象,但有时也是不得已采取的对策。

第三节 英汉文化词汇的翻译方法

由于源语和译入语语言和文化上的差异，源语符号和译入语符号几乎不可能在语义和语用层面上一一对等。在文化词汇的翻译中往往只能在保证语用等值的前提下，尽可能追求语义的对等。须说明的是，这里所谓的对等或等值不是机械的数学意义上的一一对应，而是一个含有差异的等值，即最接近最自然的对等。语义和语用最大限度的等值原则，为文化词汇的翻译提供了标准，给译者提供了选择翻译手段及策略的依据和自由。文化词汇的翻译通常采用六种方法：

（1）移译。移译也叫移植，是指把源语语言符号全部或部分原封不动地移植到译入语中。例如：中文报刊杂志中频频出现的"CD""VCD""DVD""DNA""ICU""Windows XP"和许多科技词汇尤其是计算机词汇，就是通过移译进入汉语中的。汉语的"qigong"（气功）、"taijiquan"（太极拳）、"jiaozi"（饺子）、"qipao"（旗袍）、"guanxi"（关系）等有中国文化特色的词语也移译到了英美报刊中。

（2）音译。一些源语文化中特有的物象在译入语中是"空白"或"空缺"。这时可采用音译法把这些特有的事物移植到译入语中去。音译主要是指用汉语中谐音的字或字的组合翻译英语的词语，而这些字或字的组合并不是汉语现成的有意义的词。例如：秀（show）、酷（cool）、黑客（hacker）、伊妹儿（E-mail）、艾滋病（AIDS）、色拉（salad）、可口可乐（Coca-cola）等。

（3）音译加类别词。由于汉字的表意特征，在音译英语词语时，汉语读者一开始可能不了解该音译词的确切含义，必要时可采用在音译词后面加类别词的方法，如汉堡包（hamburger）、高尔夫球（golf）、爵士乐（jazz）、桑拿浴（sauna）、来福枪（rifle）、芭蕾舞（ballet）等。

（4）直译。直译法指用译入语中"对应"词语译出源语中的文化信息。这种译法能够尽可能多地保留源语文化特征，开阔译入语读者的文化视野。不过,不能生搬硬套,应做到以不引起译入语读者误读、误解为前提。例如:"olive branch"(橄榄树)、"lonely as a cloud"(像一朵孤云)、纸老虎(paper tiger)、"一国两制"(one country, two systems)等。

(5)意译。意译法即着眼于传达原文意义的翻译(诠释),它舍去源语的语言形式和字面含义,在译入语中,用跨文化的"语用对等"词来表达出源语的文化信息。例如:"the Renaissance"(文艺复兴)、"bell the cat"(自告奋勇去冒险)、辛亥革命(the 1911 Revolution against Qing Dynasty)、《过把瘾》(Eat, Drink and Be Merry)等。

(6)替换。替换指在保留原文交际意义的基础上,用译入语中某个概念意义不同但文化意义相近的词语代换源语文化词语的方法,即用译入语中带有文化色彩的词语取代源语中带有文化色彩的词。例如:"to have one foot in the grave"(风烛残年);"lead a dog's life"(过着牛马不如的生活);"这不是打落水狗么?"("Why, that's kicking a man when he's down!");班门弄斧(to teach fish to swim);力大如牛(as strong as a horse);爱屋及乌(Love me, love my dog)等。

参考文献

[1] 刘丹. 跨文化交际语境下英语翻译教学策略探究 [M]. 北京：北京工业大学出版社，2023.

[2] 齐真珍. 当代商务英语语言与翻译多维视角新探 [M]. 长春：吉林大学出版社，2023.

[3] 杨宁伟，曹德春，赵振国. 大学英语四级翻译提升详解 [M]. 北京：清华大学出版社，2022.

[4] 赵岩，王思懿，杨东野. 英语语言学与翻译技巧 [M]. 北京：清华大学出版社，2022.

[5] 余玲. 文学翻译对英语翻译教学的影响研究 [M]. 北京：经济科学出版社，2022.

[6] 朱之红. 新文科背景下的科技英语翻译研究 [M]. 北京：中国纺织出版社，2022.

[7] 侯莹莹. 跨文化视域下英语翻译与教学研究 [M]. 北京：中国纺织出版社，2022.

[8] 宁静. 功能对等理论下的商务英语翻译研究 [M]. 长春：吉林人民出版社，2022.

[9] 白玲玲. 大学英语翻译教学与实践应用 [M]. 延吉：延边大学出版社，2022.

[10] 石晶. 英语修辞鉴赏与翻译教程 [M]. 厦门：厦门大学出版社，2022.

[11] 刘惠玲，赵山，赵翊华. 跨文化英语翻译的理论与实践应用研究 [M]. 延吉：延边大学出版社，2022.

[12] 涂晓韦. 英语翻译和混合式教学理论与实践研究 [M]. 延吉：延边大学出版社，2022.

[13] 赵红卫. 大学英语教学模式与跨文化翻译研究 [M]. 延吉：延边大学出版社, 2022.

[14] 董晓波. 新时代商务英语翻译 [M]. 北京：北京对外经济贸易大学出版社, 2022.

[15] 伍澄, 张学仕. 传播学视角下的英语翻译策略探究 [M]. 长春：吉林大学出版社, 2022.

[16] 邹斯彧. 翻译补偿理论视角下的英语新闻翻译实践研究 [M]. 北京：北京工业大学出版社, 2022.

[17] 谢建平. 专门用途英语翻译的多维思考 [M]. 北京：电子工业出版社, 2021.

[18] 杨娇. 基于文化视角的英语翻译新论 [M]. 长春：吉林人民出版社, 2021.

[19] 万方. 法律英语翻译实务 [M]. 北京：外语教学与研究出版社, 2021.

[20] 朱燕, 闵西鸿, 赵娟. 英语翻译理论与技巧研究 [M]. 长春：吉林人民出版社, 2021.

[21] 崔立秀, 王兴刚等. 新时期英语翻译理论与实践的多维度研究 [M]. 北京：中国书籍出版社, 2021.

[22] 许文虎, 王勍. 商务英语翻译教学研究 [M]. 北京：中国农业出版社, 2021.

[23] 杨美君. 新时期英语教学与翻译理论研究 [M]. 中国原子能出版传媒有限公司, 2021.

[24] 李莞婷, 夏胜武. 跨文化交际视阈下的商务英语翻译探究 [M]. 长春：吉林出版集团股份有限公司, 2021.

[25] 刘向辉. 全球化语境下钧瓷文化英语翻译的现状及前景 [J]. 许昌学院学报, 2013,（第4期）: 32-34.

[26] 魏文馨, 陈炎, 周健健. 全球化语境下英语翻译专业学生的中国文化失语症的改善办法 [J]. 课程教育研究, 2016,（第3期）: 248-249.

[27] 鲁俐. 全球化语境下大学英语翻译教学"动态"模式的构建 [J]. 作家

天地,2019,(第21期):26,35.

[28] 杜曼丽,邹强珍.全球化视野下的英语翻译人才培养研究[J].经济研究导刊,2017,(第15期):119-120.

[29] 李昆澄.跨文化语境下的商务英语翻译困境与策略[J].现代英语,2022,(第4期):53-56.

[30] 班克衡,张坤,李启畅.跨文化语境下的商务英语翻译策略[J].海外英语,2021,(第17期):170-171,176.

[31] 颜娟.不同文化语境下的商务英语翻译策略分析[J].现代商贸工业,2021,(第32期):32-33.

[32] 夏万春.浅谈经贸英语翻译中语境的主要作用[J].消费导刊,2020,(第5期):82.

[33] 顾春美.浅析跨文化语境下的商务英语翻译策略[J].福建茶叶,2019,(第12期):265.

[34] 周洁.英语翻译中跨文化视角转换与翻译技巧探究[J].海外英语,2023,(第9期):62-65.

[35] 衡清芝.探究跨文化语境下新闻英语的翻译方法[J].佳木斯职业学院学报,2018,(第2期):362,364.

[36] 谭云芳.茶文化的英语翻译技巧探讨[J].福建茶叶,2021,(第12期):191-192.

[37] 武利平.跨文化视角下英语翻译策略探究[J].现代英语,2020,(第8期):64-66.

[38] 雷雯.浅谈英语翻译技巧与方法的应用[J].海外英语,2019,(第1期):103-104.

[39] 陈柳云,杨菲菲,黎皓晴,等.中国文化"走出去"语境下粤绣文化汉英翻译方法探析[J].海外英语,2021,(第7期):134-136.

[40] 高梅.运用功能翻译理论探析科技英语文体修辞的翻译[J].安徽文学(下半月),2016,(第8期):112-113.

[41] 杜曼丽,邹强珍.我国英语翻译产业发展瓶颈及对策研究[J].经济研

究导刊，2017，(第 18 期)：28-29.

[42] 任红霞，周锋."中国文化走出去"背景下的英语翻译教学与实践 [J]. 教育现代化，2019，(第 80 期)：209-210.